U0658934

幼儿园
探究式科学主题活动
的生成与实施

刘淑环　主编

中国农业出版社

北　京

图书在版编目（CIP）数据

幼儿园探究式科学主题活动的生成与实施／刘淑环主编. —— 北京：中国农业出版社，2020.1（2024.12重印）
ISBN 978-7-109-25115-1

Ⅰ．①幼… Ⅱ．①刘… Ⅲ．①学前教育－教学参考资料 Ⅳ．①G613

中国版本图书馆CIP数据核字(2019)第011465号

幼儿园探究式科学主题活动的生成与实施

YOUERYUAN TANJIU SHI KEXUE ZHUTI HUODONG DE SHENGCHENG YU SHISHI

中国农业出版社出版

地址：北京市朝阳区麦子店街18号楼
邮编：100125
策划编辑：梁艳萍　　责任编辑：马英连
责任校对：沙凯霖
印刷：北京通州皇家印刷厂
版次：2020年1月第1版
印次：2024年12月北京第3次印刷
发行：新华书店北京发行所
开本：700mm×1000mm　1/16
印张：13.75
字数：330千字
定价：48.00元

版权所有·侵权必究

凡购买本社图书，如有印装质量问题，我社负责调换。

服务电话：010 - 59195115　010 - 59194918

编写人员名单

主　　编：刘淑环

副主编：苏　晖

编　　委：余　青　刘　维　卫　蕾　任丽静
　　　　　郭小艳　薛梅梅

编写人员：刘淑环　苏　晖　余　青　刘　维
　　　　　卫　蕾　任丽静　郭小艳　薛梅梅
　　　　　闻　昕　史　杰　马蕾蕾　李　娟
　　　　　张圣洁　庞翠燕　梁　玥　贾文丽
　　　　　赵西娜

审阅：徐风君　王美青

序 言

　　你有没有发现：幼儿的世界总是有十万个为什么；幼儿的眼睛总能发现新奇的变化；幼儿的想法总是异想天开；幼儿的双手总是愿意体验和探索；幼儿对自己感兴趣的问题总是喜欢刨根问底；幼儿总有强烈的求知欲和认知兴趣，愿意动手动脑去寻找问题的答案，他们在探索中有所发现时会有强烈的满足感。这一切都源于幼儿典型的年龄特点，以及他们对一切现象和事物的兴趣，这也是幼儿园开展科学教育的依据。

　　生活中，科学现象无处不在，其中蕴含的科学奥秘深深地吸引着幼儿。

　　本书结合幼儿的年龄特点以及《幼儿园教育指导纲要》（以下简称《纲要》）科学领域的目标及要求，尝试开展以科学领域活动为导引的主题活动，旨在帮助教师在实践中以科学教育为切入点，关注教育的整体性、活动的趣味性、内容的多元性及教育过程的发展性。书中鲜活的案例凝结着教师实践的智慧，诠释着教师对儿童的理解和尊重，对教育目标及内容的整体把握，对活动方法的细致推敲。

　　本书中科学主题活动的特点主要体现在以下几个方面：

　　1.活动的趣味性。幼儿园科学教育是科学的启蒙教育，培养幼儿对科学的兴趣，提高幼儿的科学素养。学前阶段的科学教育虽然不可能直接培养出科学家，但往往会对幼儿产生潜在的影响，可以激发幼儿对科学的向往，使他们从小喜欢接触科学、学习科学、热爱科学。

　　幼儿是好动、好奇、好问的，他们对周围变化万千的世界充满兴趣。为了满足幼儿发展的需求，本书中的探究式科学主题活动来源于幼儿的生活，来源于幼儿的兴趣和需要，同时注重幼儿在活动中的自主性。

　　2.活动的探究性。真正的科学探究主题活动是幼儿快乐与发展的平台，是师幼沟通、共同成长的平台。《纲要》中提到，幼儿有着与生俱来的好奇心和探究欲望，他们是勇于实践的探索者，他们对周围世界的认识，主要是通过多种感官进行探索和实践活动实现的。他们对物质世界的认识，必须以具体的事物和材料为中介，在很大程度上依赖于对物体的直接操作，幼儿正是在与周围世界相互作用的过程中，获得了各方面的知识和经验。在活动中，教师首先要观察幼儿，了解幼儿喜欢什么，需要什么；再者，支持幼儿做自己喜欢的事情。教师要能够启发幼儿去观察探索，发现尝试，满足幼儿的好奇心，使幼儿对学习科学产生积极的态度。

书中的案例呈现了幼儿与材料、同伴、教师的互动过程及操作探究的过程，体现了"最大限度地支持和满足幼儿通过直接感知、实际操作和亲身体验获取经验的需要"的思路与做法。

3.活动的整体性。每一个主题活动因为涉及的内容不同，侧重点也会不同。考虑到幼儿全面发展的需要，在设计主题目标和具体活动目标时，力求关注目标的整体性。目标的制订与具体活动有机结合，方便教师实践操作。

4.活动的发展性。探究式科学主题活动的开展对教师提出更高层次的要求，既要关注幼儿个体的需要，又要关注集体活动对幼儿发展的最大价值。在活动中既要关注幼儿当前发展的需要，又要关注对幼儿长远发展的引导。

此书的目标读者是：

1.新入职的年轻教师。本书可以帮助新入职教师更好地把握幼儿的年龄特点、学习方式和科学领域的学科特点，关注内容及选材，关注目标的把握和实施过程，通过案例分享，学习和选择适宜而有趣的活动内容。

2.发展期教师。这一阶段，如何更加深入地引导活动的发展方向，如何在幼儿原有水平上引导幼儿"跳一跳"是教师困惑的问题。科学主题活动案例为教师深入引导活动发展的方向提供了值得借鉴的经验。

3.成熟期教师。这一阶段的教师经验较为丰富，他们可以依据儿童成长与发展的线索，进一步研究科学领域的核心价值和开展活动的适宜方法，为活动的深入性和有效性提供有益的支持。

4.园长、业务园长。当前各幼儿园都在进行园本课程的建构和实施，力求能够突出本园特色。本书从设计到内容，都能为幼儿园管理者构建园本课程指明思路，把研究的重点聚焦到幼儿的发展、适宜的活动方式和身边资源的有效利用上，使幼儿园能够具有特色。

5.教科研人员。科学主题活动案例的呈现能够帮助教科研人员指导更多的教师从工作中找到乐趣和价值，引领教师成为研究型教师，体验职业带给自己的幸福感。与此同时，也能够帮助教科研人员更好地指导教师，朝着专业化方向发展。

　　此书是幼儿园在经历"十五""十一五""十二五""十三五"课题研究的基础上形成的研究成果，幼儿园在探索实践的过程中既有观念的调整，又有行为的跟进，展现和梳理了一线幼教工作者开展科学探究主题活动的经验，相信本书会对同行开展相关领域的活动起到一定的借鉴作用。

　　科学探究主题活动实施的时间长、跨度大，对教师的教学能力有一定的挑战，但这也正是教师专业发展的需求所在。希望这本书能够为广大教师开展科学探究主题活动提供经验和指导，帮助教师更多地关注幼儿的年龄特点和学习方式，保护幼儿的好奇心和学习兴趣，并让这种兴趣伴随幼儿一生的发展。

北京教育科学研究院早期教育研究所　　何桂香

目　录

第一章

幼儿园探究式科学主题
活动概述

第一节 什么是幼儿园探究式科学主题活动

一、幼儿园探究式科学主题活动的概念

幼儿园探究式科学主题活动是引发、支持和引导幼儿主动探究并获得有关周围物质世界及其关系的活动，它使幼儿获得乐学、会学等有利于幼儿终生发展的学习品质，是引导幼儿主动学习、主动探索的过程，是支持幼儿亲身经历探究过程、体验科学精神和探究解决问题策略的过程。

探究在教育中也指学生的学习行为，探究式学习是一种积极的学习过程，主要指的是学习者在科学学习中自己探索问题的学习方式，是学生在学习情境中通过观察、阅读来发现问题、搜集数据、形成解释、获得答案并进行交流、检验的学习。幼儿园主题活动是一种研究型的活动，是幼儿围绕一个主题，进行自主观察、探索，教师适时适度地予以支持和引导的一种系列活动。它的特点是有核心、有主体、连续性和发展性。

二、幼儿园探究式科学主题活动的特点

幼儿园探究式科学主题活动以问题为依托，是幼儿通过主动探究解决问题的过程。幼儿探究式学习以活动为基础并通过活动来实现。探究式学习活动是幼儿在教师的指导下，动手操作、动脑思考、多渠道探究，运用多种方式表达自己的发现与感受的主动探索周围世界的活动。

幼儿园探究式科学主题活动具有探究性、综合性、自主性、过程性、直接性等特征，对于促进幼儿的发展有着积极的作用。在活动中，教师引导幼儿自主地发现问题、收集资料，自发地探究问题、合作学习，自由地分享经验，从而激发学习激情，挖掘学习潜能，在寓教于乐中有效地促进幼儿的全面发展。

（一）探究性

探究式科学主题活动能够培养幼儿的科学态度和求实精神。在活动过程中，幼儿的目光和兴趣"越"出教师的教案，释放出主动学习、主动探究的内在需求。幼儿园必须把培养幼儿从事科学活动的内在动力、科学态度和情感作为科学教育的首要任务。因为对科学的情感是幼儿认识活动得以维持和获得

成功的首要前提，是幼儿探究和学习的原动力。幼儿园科学教育的内容主要包括满足和发展幼儿的好奇心和求知欲，培养幼儿关爱和保护周围环境、尊重事实、尊重他人、乐意与他人交流合作等方面。

在探究式科学活动中，科学探究是以"探究"为核心的。探究应成为儿童科学学习的核心，它既是儿童科学学习的目标，也是儿童科学学习的方法。正是通过科学探究，儿童经历发现和获取知识的过程，领悟科学的思想观念，体验科学家们研究自然界所用的方法。

（二）综合性

首先是目标的综合性。在探究式科学主题活动中，教师在制订目标时体现了综合性。如培养幼儿主动探究的态度，形成问题意识与创新精神；发展幼儿发现问题、解决问题的能力，这其中既有情感态度的要求，也有能力知识的要求，使幼儿在解决问题中学习，从而实现全面发展的需要。

其次是内容的综合性。在探究式科学主题活动中，只要是幼儿想到而且力所能及的内容都可以成为探究的对象。通过探究，他们可以获得关于自然、社会、生活的综合知识。如鱼、小兔子、树、蛋、水、冰、糖、陀螺、风等都可以成为探究的对象。

最后是探究方式的综合性。在活动中，幼儿的探究方式多种多样，有观察、体验、操作、记录、表达、表现等。通过多种渠道调动已有的学习经验，重组并建构新的科学经验。

（三）自主性

自主性是探究式主题活动的根本，也是探究式主题活动追求的目标。这种自主性贯穿于整个活动的始终，包括主题的确立、过程的探索、结果的表达、结论的评价等。幼儿在整个学习过程中有较高的自主性，能够对学习过程进行自我设计和控制。这些都激发了幼儿强烈的学习兴趣和动机，表达交流的需要得到满足与释放。幼儿在接触大自然、接触社会、积极主动地参与游戏、参观、劳动、操作、表演等反复探究的过程中发现问题、解决问题。

（四）过程性

探究式科学主题活动最主要的价值在于其对幼儿发展的作用，即教育价值。探究式科学主题活动的教育价值主要体现在探究过程中。幼儿在活动中充分地动手、动口、动脑，感受整个过程，从而提出问题、确定方法，最终解决问题。这是幼儿主动探究、自主建构经验的过程。通过这个过程来提高幼儿的

3

科学探究能力。获得方法与探究能力比在探究中获得的知识与技能更重要。科学能力的培养由发现问题—动脑思考—动手操作—交流探索—得出结论几个环节构成。只有通过探究式科学活动才能使幼儿喜欢科学，掌握科学的方法，从而提高科学素养。

（五）直接性

探究学习对幼儿而言是主动经历世界，从自己的周遭生活和教师提供的环境中主动观察、尝试探索、发现问题和解决问题的过程。在这一过程中，幼儿依靠直接经验进行探索，获得主动性、创造性和实践能力的发展，愿意并知道如何去获取知识、认识事物和解决问题。幼儿期，具体形象思维占主导，以感性经验为基础，探究学习是帮助幼儿获得直接经验的有效方式。幼儿在活动中带着问题和已有经验自主操作材料、亲身感受与直接体验、发现并自己得出结论，形成对事物的感性认识。

第二节　幼儿园探究式科学主题活动的基本定位与设置要点

一、幼儿园探究式科学主题活动的基本定位

幼儿园探究式科学主题活动的基本定位：幼儿园科学教育旨在通过为幼儿提供有计划的学习活动，激发幼儿对周边事物的好奇心，提高幼儿探索事物的兴趣，帮助幼儿获取与生活经验相贴近的科学常识，为学龄期科学概念的学习打下基础。《纲要》中指出，幼儿园科学教育的目标是使幼儿"对周围的事物、现象感兴趣，有好奇心和求知欲；能运用各种感官，动手动脑，探究问题；能用适当的方式表达、交流探索的过程和结果；能从生活和游戏中感受事物的数量关系并体验到数学的重要和有趣；爱护动植物，关心周围环境，亲近大自然，珍惜自然资源，有初步的环保意识。"

《3～6岁儿童学习与发展指南》（以下简称《指南》）指出："教师要善于发现幼儿感兴趣的事物、游戏和偶发事件所隐含的教育价值，把握时机，积极引导。"明确生活化是幼儿园科学教育的一大特点。让教师通过选择生活中最常见的现象，透过幼儿身边熟悉的、可以观察的东西，吸引幼儿探索的兴趣，以达到科学教育的目标。

在幼儿园探究式科学主题活动中，教师不应急于将由科学家们发现的科学现象和原理按成人理解的方式传递给幼儿，并要求幼儿像成人一样去理解这些科学道理。教师不可忽视幼儿"天真的理论、摇摆不定的构架、有误的概念和直觉理解"，而简单地要求幼儿赞同所谓的科学道理。培养幼儿对科学的兴趣和好奇心比让他们了解科学知识重要得多。

二、幼儿园探究式科学主题活动的设置要点

以下借助对科学主题活动案例的剖析，来说明幼儿园探究式科学主题活动的设置要点。

（一）问题是幼儿科学探究的发动机

问题是幼儿探索行为的发动机，是幼儿探究学习的出发点，也是促进幼儿思维发展和解决问题能力提高的保证。没有问题就难以产生探究的兴趣，也就不会出现解决问题的需要；没有问题就难以保持幼儿持久性的观察和对实验的专注，不易构成有效的探究过程。在幼儿园科学主题活动的预设与指导中，教师应设置什么样的问题情境？怎样围绕内容和探究的流程提出有价值的、适合幼儿探究的问题？在什么时候提出什么样的问题？当问题的提出指向解决问题的过程和方法时，更能激发幼儿的思路，引导幼儿在面对问题时主动思考解决问题的方法和途径。

曾经有这样一首诗："发明千万法，起点在一问；智者问得巧，愚者问得笨。"这首诗不仅强调提问的重要性，更强调了提问的技巧。在探究式学习活动中，问题的设计是关键的一环。问题质量的优劣关键在于教师能否通过提问来启发幼儿积极思考、探索与发现。教师的提问对探究式学习活动的成功起着非常重要的作用，所以教师应该精心设计每节活动的提问，以更好地实现教学目标。

启发式的问题能开启幼儿的心智，使幼儿乐学好学，并能引导幼儿的思维步步深入，如大班主题活动"桌腿大赢家"，为了引发幼儿继续探究谁做的桌子腿最结实，教师问："奇怪，为什么桌面自己就掉下来了呢？"强强说："是因为没有关窗户，风给吹下来了。"教师假装明白了一点，继续追问："那为什么有的桌面没有掉下来呢？"晓晓十分自信地说："因为那个桌子下面结实，是积木的，桌面掉下来的桌腿是纸做的。"教师又问道："谁有好办法能用纸让桌子变结实呢？"于是，孩子们展开了激烈的讨论，纷纷出主意。有的摆出一副思考

状，皱着小眉头使劲想，有的互相争论。随后孩子们再次进行了大胆的猜测，并把自己的想法做了记录。在此基础上，教师再向幼儿提一些"大"而"深"的问题，"大"是指范围广，"深"是指有一定难度，逐步引导幼儿的直观形象思维向抽象逻辑思维过渡。其问题的答案隐含着事物的局部与整体之间关系的道理。例如，在比较桌子腿的活动中，一张桌子的四条腿有粗有细，幼儿无法比较，于是教师问："请小朋友观察一下这张桌子的四条腿有什么不一样？怎样才能公平地进行比较？"这时引导幼儿进一步观察整体与局部的关系，让幼儿自己制订公平比赛的规则。

案例中的问题设置由浅入深，一环紧扣一环，一个个具有启发性的问题引发幼儿的思考，引领着幼儿探究的方向。一个问题的解决为后一个问题打下基础，后一个问题则是前一个问题的提高和升华，一步步自然引发了幼儿持续探究、有一定深度的探究过程，从而建构有益的经验。

（二）目标是幼儿科学探究的方向盘

科学主题活动的目标是指幼儿在活动中预期达到的结果和标准。科学主题活动目标的实现是幼儿科学主题活动效果的具体体现。教师在设计科学主题活动时不是盲目进行的，而是从幼儿科学教育的任务出发，结合课题内容的特点，以幼儿的实际发展水平为基础，提出适当的教育要求，兼顾《指南》中幼儿科学探究目标的三个维度——情感态度、方法能力和知识经验。整个科学活动的设计和实施始终围绕着活动目标。制订目标时要思考：目标制订的是否具体？核心目标是否突出？目标是否与活动的特质相一致？目标是否符合幼儿的年龄特点？目标是否从幼儿的角度表述？目标是否能够有效实现？等等。

（三）内容是幼儿科学探究的油箱

众所周知，要想让车子跑起来，油箱里面要装满油。同理，内容是幼儿科学探究活动的载体，难度适宜的内容是幼儿科学探究的保障。幼儿探究学习的能力、方法正是在与一定内容的相互作用中逐渐形成的。探索内容的适宜性是幼儿有效探究的保障。因此，活动内容的选择应贴近幼儿的"最近发展区"，符合幼儿当前的发展水平，能引发幼儿的探究兴趣，是幼儿需要的且能为幼儿直观地感知和操作的。那么，幼儿能探索什么、能探究到什么程度、怎样使活动的难度适合幼儿等问题是我们必须着力思考和关注的关键。幼儿科学探究活动内容难度的适宜性表现在两个层面。

1.同一活动内容，对不同年龄班的幼儿来说，其探究内容与深度有所不同。如分别在小、中、大班三个不同年龄段的幼儿班开展"磁铁"的探究活动。我们发现，虽然三个年龄段的幼儿都是在可感知的活动中探究，但是由于受到幼儿的认知水平、特点的限制，他们探究磁铁的内容与深度有着各自不同的特点和方向。

小班幼儿的探究特点是单视角地积累经验，呈平面式的探究，探究的问题往往落在某一探究点上。如小班幼儿较关注的是磁铁能吸什么，活动开始，他们猜想磁铁什么都能吸。把看得见、摸得着的铁、塑料、木质、布制品等物品一股脑地装入篮子里。在活动过程中，孩子们通过运用磁铁吸每一个材料后，直观地感受到磁铁的好朋友并非像自己猜想的那么多，只有铁才是磁铁的好朋友。

中班幼儿已经产生了比较式探究的萌芽。幼儿在发现磁铁与磁铁可以相吸的同时，还发现了磁铁的相斥现象。通过"小车开起来""弹跳青蛙"等探究活动，幼儿建构了磁铁同磁极与不同磁极相对时产生的不同现象的经验，并能将获得的经验迁移到生活中。

大班幼儿能开始多角度、多层次地建构经验，他们的探究已不再是探究某个点的问题，而是探究过程中变化的事物。对探究过程中的经验会产生问题，并围绕问题进行探究。如在探究磁铁时，对沙子中的小铁屑产生探究兴趣，用磁铁采集到小铁屑。并用磁铁隔物吸物的原理制作了爸爸的头像，使爸爸的头像在纸上跃然而动。

2.同一活动内容，在环节层次的安排上体现难易程度的不同。如在大班主题活动"磁铁"中，有一个活动是幼儿尝试探究"长长短短的回形链"。通过探究要建构的经验是U形磁铁中间部分的磁力最弱。在操作的时候，有两个因素影响了幼儿经验的建构，一个是U形磁铁两端的磁力能吸起很多的回形链，而且使回形链连接在一起，没办法判断磁力的大小；另一个因素是每次两端吸起的回形链数量不等，幼儿的关注点在于判断两边的磁力，而不在探究中间磁力的强弱。为了实现活动目标，帮助幼儿理解U形磁铁两端磁力较强，中间磁力较弱，活动后，教师对活动层次进行了调整。先投放条形磁铁，在磁铁两端投放数量一样的回形链，引导幼儿分别探究条形磁铁两边和中间的磁性。探究同样数量的回形链在不同的位置是否都能被吸起来，从而知道磁力最强和最弱的部位，这样幼儿就比较容易操作与甄别，能更有层次地探究。然后，投放U形磁铁，先感知U形磁铁一端的磁性，再实验另一端的磁性，投放的回形链数量也是相同的。接着测试中间的磁性。测试后再投放更多的回形链，再次尝试实验。层次的调整有助于幼儿呈现探究结果与梳理经验。

可见，在内容的安排上应注重由浅入深、循序渐进，这样使"长长短短的回形链"整个活动适宜幼儿探究，适宜幼儿发现问题、解决问题。探究内容应根据幼儿探究的可能性和探究兴趣而定，内容难易程度应符合幼儿年龄特点，是幼儿当前想要知道的并是幼儿可以解决的问题。同时，探究内容也应具有一定的挑战性，幼儿就会怀有兴趣、主动地展开活动，积极地致力于问题的解决和探究。

（四）材料是幼儿科学探究的车轮

由于幼儿科学探究和学习的主要方式是通过亲身经历获得直接经验，因此必须有适宜的材料和工具的支持。在科学主题活动中，材料准备为幼儿探究活动提供了成功的可能，材料的选择直接影响着活动的成败。高结构材料是引发幼儿探索的基础，它隐含着教育目标与内容，在被使用时能揭示自然现象间的某种关系。教师在投放材料时，应该结合活动的目标、内容、幼儿的探究兴趣和现有的认知发展水平，有目的、有计划地投放。应该注意控制实验变量，提供凸显一种现象或一对因果关系的材料。因为当有多对关系与矛盾同时存在时，幼儿难以弄清其中的道理。在探究过程中，在适当的时刻增加材料能激发幼儿进一步活动，促使他们进一步深入思考和实验。

例如，在中班"磁铁"主题活动中，有一个"小车自己开起来"的活动。教师把相关材料直接投放到活动区中，并仔细观察幼儿与材料的互动情况，根据幼儿的兴趣需要，适时地增添磁铁和汽车的数量，以满足幼儿对磁铁进行深入探究和发现的需要。

首先，在区域中投放4块一样大的条形磁铁和4辆汽车。增加磁铁和汽车的数量增大了幼儿探究的难度。幼儿在操作中知道两个磁铁不同颜色的一端相对而放，可以让小车靠在一起，吸引小车行进；两个磁铁相同颜色的一端相对而放，可以使小车互相推开，推着小车行进。在此经验的基础上，增加8块小的条形磁铁和8辆汽车，便于幼儿通过操作感知磁力大小对物体的影响。磁铁的力量是有限的，当把数辆小车一辆一辆连接起来行进时，幼儿会发现，当汽车数量增加到一定数量时，小汽车会自动断开，从而帮助幼儿建构新的感知经验。

对于幼儿来说，材料既是引发他们探究的刺激物，又是他们实现主动建构对周围事物认识的中介和桥梁。要实现幼儿的主动探究，就必须为幼儿的探究活动准备体现教育目标的材料，使幼儿在操作这些材料的过程中获得教育所期望的经验。在科学主题活动中，幼儿探究的内容并不需要集中在一个时间段内完成，而是根据活动内容的难易程度，将幼儿的探究活动分解为若干个具体的活动，为幼儿搭建层层推进的"动手做"系列探究活动支架，这样的活动既给幼儿留出更大的空间和时间自主探索、尝试，又有助于幼儿的每次探索都有所发现，从而自主建构新的认知经验。

三、教师在幼儿科学探究活动中的作用

探究式科学主题活动作为一种有效的教学手段，在幼儿的教育中发挥着至关重要的作用。探究式科学主题活动有声有色地开展，并且发挥其该有的效用，离不开教师的引导、鼓励、支持以及合作。教师对科学探究内容的选择、对幼儿的初始经验以及对核心概念的定位和把握，是探究式科学主题活动在幼儿园能否有效实施的关键。在探究活动中，教师是实施以上三个关键因素的组织者、参与者、引导者、促成者。教师必须始终坚持"幼儿自己的发现能激励他们更执着地探索"的信念，所以教师应以多重身份参与活动，从而有利于对活动的有效指导，而不是作为整个活动的掌控者、操纵者。

（一）组织者——选择适宜的探究内容

实践表明，幼儿在进行探究式学习的过程中，对科学经验的获得往往是在动手实验之后、在同伴间充分讨论的基础上形成的。提出问题在前，动手探究在后，问题在幼儿科学主题探究过程中起着一种"导向式"的作用，它是实施活动的基础。它不仅能引发幼儿的探究行为，而且能引领幼儿的探究方向，保持幼儿的探索兴趣。教师要对这些问题及时做出教育价值、活动可能性和适宜性的判断，从中筛选出适合幼儿进一步探究的问题，引领幼儿进一步进行富有教育价值的探究活动。

定位科学主题活动的内容时，首先要确保探究内容符合幼儿的实际认知水平。教师对探究活动的内容应有一定的认识与了解，并判断这一内容是否与幼儿的认知水平相匹配。其次，探究内容还要贴近幼儿的生活，应是幼儿可以亲历探究的，因为幼儿的探究主要是以观察和实验为主。如幼儿在认识动植物的探究活动中使用更多的是观察法；在探究水的属性或磁铁等活动中，使用更多的是实验方法。因此，探究活动主题网络图中的故事、表演、诗歌等内容都不属于探究内容。最后，探究内容应指向明确的科学核心经验。内容应在围绕幼儿兴趣的基础上，选择幼儿当前需要建构的科学核心经验，它是主题活动开展的关键问题。有效的科学探究活动能使幼儿的兴趣、经验、内容顺利对接。

（二）参与者——了解幼儿的初始经验

幼儿的初始经验是开展探究式科学主题活动的依据。在预设探究活动内容时，教师要了解幼儿与探究内容相关的原有经验和初始想法，才能使预设的探究活动更有针对性和启发性。获取幼儿初始经验的方法有很多，包括在一日生活的多个环节中，通过游戏创设与探究内容相关的情境；将探究活动中幼儿回答的内容进行记录，并作为班级集体的原始记录。因为幼儿在自主探究中提出的问题对激发幼儿形成自己的观点并参与讨论至关重要。即使幼儿表达了错误的信息，教师也不要急于纠正，而是如实地记录下来，为以后的教学提供相关素材，让幼儿自己通过探究去修正这些错误概念，从而自主获得经验。教师在了解幼儿普遍经验的基础上，应对幼儿的兴趣及经验进行科学的价值判断和甄选。寻找幼儿的兴趣点与所预设的探究活动内容、与活动中涉及的关键经验之间的对接点。然后引导幼儿学会提出假设、证实假设并尝试生成新的探索方案，还可鼓励他们将新方案用适宜的方式表达、记录下来。在探究活动结束时，引导幼儿将新的认识与其初始想法相比较，以此促进幼儿主动建构知识经验并获得对概念的认知。在此过程中，教师要对幼儿不同的表达进行充分观察和记录。同时，幼儿的记录在科学探究活动中也具有重要价值，它不仅是教师了解幼儿初始经验不可或缺的重要内容，更是幼儿自身进行学习、分析、研究问题的直接、有效的学习方式。

（三）引导者——建构核心概念

核心概念是指导探究式科学主题活动的关键，教师要通过多种途径帮助幼儿理解核心概念。科学教育的一个重要特点就是强调幼儿的探究需围绕核心概念来进行。教师对核心概念的把握和理解可以有目的地为幼儿搭建"脚手架"，支持幼儿的探究活动。陈鹤琴指出："小孩子玩，很少空着手玩的，必须有许多玩具的东西来帮助才能玩得起来，才能满足玩的欲望……"这说明材料与幼儿活动有着密切的关系。在幼儿的探究活动中，教师要提供丰富的材料并把握材料所蕴含的价值，准确地为目标服务，支持孩子的自主活动及活动的延伸。因为只有以直接经验为基础的学习才是理解性的学习。幼儿必须与材料充分地互动才能构建科学的核心经验。

此外，还要关注幼儿的每一次提问和交流，特别留意幼儿在观察与实验之后的交流。教师要引导幼儿进行思考和表述："你的观察和实验结果与你原来想的一样吗？"这样的提问是在帮助幼儿学会反思自己的探究行为，并将新的探究结果与自己的初始想法相比较，帮助幼儿理解核心概念，从而影响科学探究活动的实施成效。

总之，在探究式科学主题活动中，教师需要不断地进行探索，发挥组织、参与、引导幼儿进行探究活动的作用，开发他们的智力，活跃他们的思维。因为幼儿更多的是在生活中学习和获得经验的，所以教师要在幼儿一日生活环节中随时渗透科学教育，鼓励幼儿在生活中进行多样化的科学学习，提高幼儿发现问题、解决问题的能力，使幼儿在"学科学、用科学"的道路上不断向前迈进。

第三节　幼儿园探究式科学主题活动的构成

幼儿园探究式科学主题活动能够引导幼儿发现问题、解决问题、获得知识和经验、体验活动的乐趣，从而满足自己内在成长的需要。教师将孩子看看、听听、玩玩、想想、做做的活动变成他们活跃思维、学会思考、培养科学探究能力的活动。同时要尽量创造条件让幼儿亲身参加探究活动，使他们感受科学探究的过程和方法，体验发现的乐趣以及探索世界、表现自我的主动学习历程。幼儿园探究式科学主题活动可以分为三个阶段，其一是主题活动的开始阶段，其二是主题活动的发展阶段，其三是主题活动的结束阶段。这三个阶段大致包含了探究式科学主题活动的脉络走向，具体介绍如下：

一、主题活动的开始阶段

（一）以幼儿的兴趣为出发点生成的探究式科学主题活动

兴趣是发展的钥匙，是积极探索某种事物发展的源泉，是发展智力的重要条件。当幼儿对某种事物产生兴趣时，他们就会不断地发现一些问题，并尝试解决问题。这时，教师就要善于发现孩子的兴趣点并加以分析，及时为他们提供活动的条件并创设相关的学习环境，在他们需要时给予帮助。

🐼 案例分享

小班科学探究主题活动"可爱的小乌龟"。

🐧 镜头回放

幼儿园门卫爷爷养了两只小乌龟，他经常把小乌龟拿到门外晒太阳。户外分散活动时，有几位小朋友围在小乌龟旁边观察，亮亮说："我喜欢小乌龟，我姥爷也养了小乌龟。"悠悠说："小乌龟爱吃肉，也吃青草。"说完跑到种植区拔了几棵青草喂小乌龟。泽泽看着悠悠手里的青草说："小乌龟不吃青草，只吃肉。"另一位小朋友说："小乌龟也吃青菜的。"孩子们七嘴八舌地讨论起小乌龟吃什么……就这样，在孩子们的兴趣与需要下，我们开展了"可爱的小乌龟"的科学探究活动。

简要分析

"可爱的小乌龟"这个科学范畴的探究式主题活动完全是由孩子们的兴趣点生成的。孩子们想知道"小乌龟吃什么？它是怎么吃东西的？一天需要喂几次？吃多少食物就饱了？"这些问题是幼儿所面临或者即将遇到的。幼儿的谈话与兴趣也引发了教师的一些思考，如小乌龟的牙齿是什么样的？它是怎么咀嚼食物的？一系列未知数在教师的脑海中形成一条长长的问题链。幼儿的兴趣与教师的思考，还有幼儿在活动中提出的种种有趣的问题，将是我们在探究式主题活动中需要逐一解决的问题。

（二）以幼儿的生活与价值为出发点生成的探究式科学主题活动

案例分享

大班科学探究主题活动"奇妙的镜子"。

镜头回放

镜子是我们生活中常见且必备的日用品，人们对它的利用也越来越广泛。在幼儿园的日常生活中，镜子也是随处可见的。睡眠室、盥洗室，甚至幼儿园大厅的顶棚上，都有镜子的"踪迹"。每次幼儿经过幼儿园大厅时，都纷纷仰起头，看着镜子里倒立的自己哈哈大笑。大班幼儿对周围的事物表现出明显的好奇心和探究兴趣，本次主题活动在幼儿感兴趣的基础上，以"镜子"为载体，引导幼儿在主题活动的过程中发现问题、解决问题，丰富幼儿关于"镜子"的经验。

简要分析

对生活中常见物品的探究可以帮助幼儿积累一定的生活经验。通过对这些常见物品的观察、发现、实地考察，可以引发出很多问题，如镜子跟玻璃一样吗？哪儿不一样？平面镜能安在马路拐角处吗？这些问题需要幼儿通过多种方法进行解决。再如中班的科学探究主题活动"不倒翁""陀螺"，还有大班的科学探究主题活动"神奇的弹力""风筝""有用的工具"，这些来源于生活、回归于生活的探究主题活动也是非常有价值的。

（三）以转瞬即逝的问题为出发点生成的探究式科学主题活动

案例分享

大班科学探究主题活动"车轮滚滚滚"。

🐧 **镜头回放**

在刚刚过去的"六一"游艺活动后，教师对孩子们进行了一次专访，专访内容为你最喜欢哪个游戏项目？哪个游戏具有难度？在与孩子们谈话的过程中，教师发现大部分幼儿认为中五班的小车运球上坡游戏具有挑战性。顺应问题的出现，教师与幼儿展开了新的讨论，针对"小车上坡"进行了深入的探究，由此引发了这个主题活动。

🐯 **简要分析**

在与幼儿讨论的过程中，讨论到推小车时要用力，否则推不上去；也讨论到什么样的材料适合搭坡。当孩子们有了想法后，立即付诸行动。我鼓励孩子们去幼儿园的各种地方搜寻适合搭坡的材料，如班级里、楼道里、军事训练营、小南门等。通过亲身尝试，发现硬的纸板、木板可以搭坡，地垫和KT板不适宜搭坡。之后又延伸到生活当中，如在积木区如何给小车搭坡，怎样给拉货物的车搭坡，引导幼儿解决生活中的实际问题。

二、主题活动的发展阶段

探之源，究之乐。有了"探"的起源，那"究"就会产生快乐。

在《纲要》与《指南》的引领下，我们的观念正趋于转变，以鼓励幼儿主动探索、大胆尝试、自主学习为主。主题探究活动侧重活动的过程化、情境化、经验化。发展阶段是主题活动中尤其关键的一个阶段，属于核心阶段。教师应从以下几个方面来把握主题活动的发展阶段。

（一）顺应幼儿的兴趣，延续发现的问题

🐼 **案例分享**

小班科学探究主题活动"好玩的沙子"。

🐧 **镜头回放**

此活动源于幼儿玩沙时的发现。幼儿在玩沙时发现沙子有粗有细，不小心把沙子打湿了，沙子还能黏在一起。幼儿自发进行了讨论，教师顺应他们的兴趣，开展了关于沙子的活动。幼儿通过探索发现干沙、湿沙的不同，又生成了新的活动"干沙湿沙有哪些不同"，引发幼儿对新问题的思考。就这样，像滚雪球一样，追随幼儿的兴趣，不断地生成一个又一个新的活动。

🐯 **简要分析**

幼儿是主题活动的主体，兴趣是活动的源头，正是因为幼儿在活动中能够将自己感兴趣的问题表达出来，才会生成多个鲜活的新活动。这正体现了幼儿

发现问题、解决问题的过程。很多主题活动中的子活动都是在幼儿提出问题后对其进行跟踪与解决，体现了主题活动的灵活性。

（二）结合教师的预设，提出讨论的关键点

案例分享

中班科学探究主题活动"小陀螺"。

镜头回放

当幼儿玩自制陀螺，发现陀螺旋转的速度与陀螺重心点高低有关系时，没有出现新的问题，而是沉浸于不断更换重心点，继而观察陀螺旋转的速度。教师给予幼儿一定的时间进行操作摆弄，但始终没有等到幼儿新问题的出现。这时，教师按照预设内容，提出新的问题"陀螺面的大小与陀螺旋转的速度有关系吗？"，这个问题的提出引发幼儿展开了新的思考与探究。

简要分析

在确定了主题活动的名称后，每位教师都会对该主题活动进行内容的预设，对主题活动的大致脉络与走向做进一步思考。很多的主题活动都是幼儿自发生成的，但也存在上述案例中的情况。当幼儿没有新的问题时，教师可以将之前预设的内容以问题的形式呈现，引发幼儿新的操作与探究，帮助幼儿提升经验。

（三）梳理幼儿的发现，挖掘有价值的内容

案例分享

中班科学探究主题活动"风车转转转"。

镜头回放

教师通过与幼儿一起制作风车、玩风车，发现幼儿对风车表现出极大的兴趣。在分享环节，有的幼儿问："有些风车在旋转时往一边倾斜，但也能很好地转起来，这是什么原因？"有的幼儿问："风车的两边是对称的，中间由一个轴支撑着，如果没有这根轴，小风车还能转起来吗？"还有的幼儿说："小风车的轴要光滑，否则小风车不能很好地转起来。"

简要分析

风车是幼儿比较熟悉的物品，大部分幼儿都有玩风车的经历，因此，幼儿能提出很多问题。但面对这么多的问题，教师如何筛选呢？哪些问题是有价值的？哪个问题先解决，哪个问题后解决？教师要在脑海中做分析与判断，并给予幼儿及时的反馈与互动。只有及时捕捉到有价值的内容，才能引发幼儿新的

讨论与分享，才能帮助幼儿积累一个个有价值的经验。

三、主题活动的结束阶段

随着幼儿经验的不断丰富，主题活动也接近尾声。在主题活动的结束阶段，我们可以开展以下几个小活动。

（一）表达心情与想法

当主题活动即将结束时，请幼儿将自己在主题活动中的心情与想法运用绘画的方式展示出来，形式不限。有的幼儿可能会将某一个有趣的发现画下来，有的幼儿可能会画自己以后要当科学家……

（二）分享主题案例

请幼儿讲解主题墙上呈现的内容，小班可以由教师带着表述，中大班可以开展"小小讲解员"的活动，制作麦克风当道具，请幼儿给老师与同伴讲解。也可邀请平行班的幼儿来听，分享在科学主题活动中建构的相关科学经验。

（三）创设主题资料库

将墙上的主题内容制作成主题案例书，放置在图书区供幼儿翻阅，帮助幼儿巩固在主题活动中建构的各种经验，进入主题活动的延伸阶段。

1. 延伸到各区域。科学探究主题活动可以为幼儿提供更多的空间和时间进行自由探索。比如户外活动和晨间活动时，幼儿可以探索对已有经验的认识；在区域活动中，幼儿与区域材料的有效互动可以使幼儿迁移已有经验，让知识经验得到同化。

2. 延伸到各领域。科学主题活动与其他领域相结合，在互相融合中，学习用其他的方式继续巩固对已有经验的认识。与此同时，不同领域之间的渗透扩展了延伸的内容，使延伸活动的内容更为丰富。如在科学探究主题活动"蝴蝶"中，将科学活动延伸到语言领域"好饿的毛毛虫"，鼓励幼儿大胆表述毛毛虫的变化，再延伸到美术领域，设计蝴蝶生长过程的连环画，用绘画的形式表现蝴蝶的生长变化。

3. 延伸到各家庭。家庭成为延伸活动的一部分，将探究式科学主题活动延伸到家庭中，实现与家庭的有效合作和互动。家长的共同参与给予幼儿再次探索的机会，积极引导幼儿进行活动，将有效地促进活动的深入开展。

在探究式科学主题活动中，幼儿变被动学习为主动学习，变接受性学习为探索性学习，幼儿的兴趣得以激发，潜能得以开发，幼儿不断地体验成功感和学习的乐趣。总之，幼儿正处于创造和发展的最佳时期，科学教育的课程也必须成为幼儿探索的过程，成为幼儿猜想、尝试和发现的过程，使幼儿不仅获得内化的知识经验，而且体验和获得真正意义上的科学探究方法和科学探究能力。

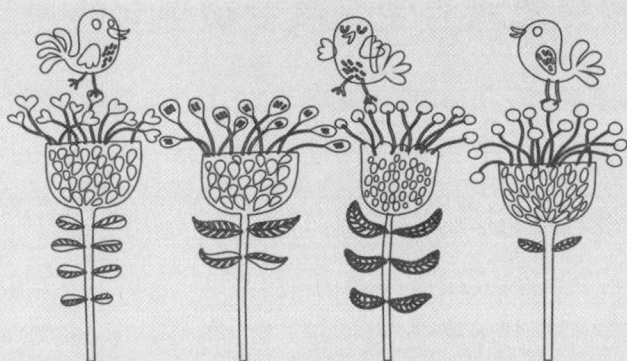

第二章

幼儿园探究式科学主题
活动的确立与生成

第一节 幼儿园探究式科学主题活动确立的原则

幼儿的学习有其自身的特点，不同的学科也有不同的规律。因此，在幼儿园开展探究式科学主题活动时，应遵循一定的原则。

一、尊重幼儿的兴趣和真实需要

幼儿的学习受兴趣和需求直接驱动。兴趣的产生是以一定的需要为基础的，有什么样的需要就会对什么样的对象产生兴趣。幼儿的认识活动会受到兴趣和需求的直接影响，他们会以极大的热情积极主动地探索和认识他们感兴趣、感到好奇和有需求的事物。

要使幼儿成为主动的学习者，幼儿的兴趣和需求必须得到足够的尊重。一方面要善于将幼儿的兴趣和需求作为教育的生长点，支持和促进幼儿的学习活动；另一方面要尽可能把期望幼儿学习的内容转化为幼儿的兴趣和需求，由此引发并引导幼儿的学习活动，让幼儿体验到学习的乐趣。

所以，教师要及时捕捉并保护幼儿的兴趣点，善于将幼儿感兴趣的事物和想要探究的问题生成科学教育活动；帮助幼儿置身于能产生探索行为的环境中，及时提供适宜的材料，为幼儿的探究活动提供充分的时间及重复操作的机会；教师设计有探索性和启发性的问题，运用不同的提问方式，在游戏中扩展幼儿的相关经验，激发幼儿对科学现象的兴趣。

二、尊重幼儿的年龄特点

幼儿对世界的认识是感性的、具体的、形象的，常常需要用动作来帮助思维，这就决定了他们的学习是以直接经验为基础的。他们必须通过与人和物的相互作用，使原有的直接经验与现实的直接感受和体验产生相互作用，构建起真正内化的新的知识经验，形成幼儿期所独有的、具有主观性和泛灵论特点的"天真幼稚的理论"和"非科学性"的知识经验。因此，《纲要》特别注重相互作用的学习方式。在科学领域，强调幼儿主动探索、经历、体验探究和发展的过程。

"教育是为了完满的生活"，教育的目的本是使人生活得更美好。教育应以帮助人们适应现实及将来的社会生活为主要目的，更多地为幼儿的生活服务。但是由于幼儿年龄小，生活经验少，所以教师要选择生活化的科学教育内容。贴近幼儿生活的教育内容为幼儿获得能真正理解和内化的科学知识、经验提供了可能。

三、尊重幼儿的学习特点

（一）在无意注意伴随下的随机、碎片化学习

任何学习都必须有"注意"过程的伴随。注意分为"无意注意"和"有意注意"，两者的主要区别是主体主观控制的程度不同，即"无意注意"是主体主观控制程度比较低的注意，它经常由周围环境中的某些事物引起。这种注意是相对低水平的注意。与无意注意相对的是有意注意，它是主体主观控制程度比较高的注意，如人们在听课时，可能要克服身体某些轻微的不适、教室外的嘈杂声或身边他人说话等干扰，努力地把自己的注意力朝向讲课老师，这些注意表现就是有意注意。有意注意是相对高水平的注意。

幼儿是身心发展很不成熟的个体，行为的有意性整体处于低水平，他们的注意主要是无意注意。即当周围有什么事物吸引他了，他就注意一下，维持一段时间后，如果周围又出现其他的"新鲜事"，他又去注意别的事物了，注意力很容易被分散。到了幼儿阶段的中后期，随着神经系统的逐渐成熟，有意注意开始慢慢发展起来。

由于幼儿的注意发展特点是以无意注意为主，所以他们的学习呈现随时发生、时间短暂、星星点点等状态，即是随机的、碎片化学习，而不可能是系统化学习。因此，教师要在生活、游戏中，利用一切有效机会引导幼儿在不知不觉中自然地学习。

（二）以多种感官为主渠道的感知、体验式学习

幼儿学习活动的内涵是广义的，包括对周围客观世界的一切感知、探索、理解过程，而不是特指在课堂中的学习。幼儿更不可能先掌握语言，然后再学习，他们的学习开始于呱呱坠地的那一刻。也就是说，他们对周围世界的认识，很多都是通过眼、耳、鼻、舌、手这五大感觉器官感知客观世界后形成的。幼儿之所以用五大感觉器官认识周围世界，是因为他们在出生时这些感觉器官就已经发展起来，随时在进行着感知活动，而掌握语言至少要到1岁半以后。

由于幼儿年龄所限，他们掌握的词汇量比较少，语言理解能力也比较差，而他们的学习活动又不可能停止，所以以多种感官为渠道的感知、体验式学习

就是必然的。

（三）以动作伴随的操作式学习

幼儿的思维发展大体经历了三个阶段。

第一阶段是直觉行动性思维，也称"动作思维"，幼儿2～4岁时这种思维表现最明显。这是一种依赖自身动作进行的思维，即幼儿做动作时，思维也在进行，一旦动作停止，思维也马上停止。如果让这个年龄段的幼儿坐着一动不动地思考，对他来说是不可能完成的任务。第二阶段是具体形象性思维，也称"表象思维"，幼儿3～6岁时这种思维表现最明显。这是一种依赖头脑中感知过事物的表象（即形象）进行的思维，即他在进行思考时，只会借助头脑中的表象理解事物，进行思维。第三阶段是抽象逻辑思维开始萌芽，这一般发生在幼儿5～6岁时。此时幼儿初步理解事物之间的关系，会表达某事"为什么会怎样"，会使用"因为……所以……""如果……就……"等表示事物之间因果、假设等关系的句式。动作思维虽然在幼儿2～4岁时表现最为明显，但这并不意味着过了4岁，幼儿的动作思维就停止了，而是一直延续着，贯穿于整个幼儿时期。我们在大班经常看到，当幼儿在算"假如你有3块糖，妈妈又给你3块糖，你现在一共有几块糖？"时，他会摊开小手，掰着手指头算。这就是幼儿动作思维在起作用的表现。正因为如此，整个幼儿阶段，他们手里都需要有玩具或操作材料，有了这些东西，他们的目光就有了落点，思维就有了专注的对象，而如果让幼儿两手空空地坐在那里，他们的目光经常是无神、茫然的。因此，教师要为幼儿创设有丰富操作材料的学习环境。

（四）以直接兴趣为动力的情绪化学习

所谓"情绪化"是指一个人的行为比较受自身情绪状态的影响，它和"理性"相反。既然幼儿是身心发展很不成熟的个体，那么，他们的行为就不可能是比较理性的。在学习活动中表现为：如果他对学习内容感兴趣，可能会比较专注，注意力集中的时间也能够稍长一些，但如果他对学习内容不感兴趣，即使该学习内容很重要，他很有必要好好学习，他的注意力也会分散，导致东张西望。因此，教师在选择教育内容时一定要结合幼儿的兴趣。

（五）在生活和游戏过程中进行的整体化学习

幼儿的学习活动从出生就开始了。这样的学习活动肯定是伴随着日常生活和后续逐渐出现的各种游戏进行的，并且不可能是分科目的，而是混为一体、整体化的。如在喝水的过程中，幼儿一边观察着水量的多与少、感知着水的温度、体验着水的流动性，一边养成某种饮水习惯。在与同伴的游戏过程中，他一边学习怎样遵守规则、与同伴友好相处，一边认识、运用相关物品，并且用语言和同伴商量、交流着，体会着物品的多少等。

（六）每个孩子都有自己的学习进程

一般来说，儿童的发展总要经历一些共同的发展阶段，但每个幼儿在发展的方向、起点、速度及最终达到的水平上都存在着差异，这就决定了幼儿的学习进程和学习方式的差异。教师应学会观察、判断幼儿的经验水平、发展进程和学习特点，尊重幼儿在发展水平、能力、经验、学习方式等方面的个体差异，因人施教，努力使每一个幼儿都能获得满足和成功，在达到基本要求的前提下，获得最充分有效的发展。

探究式科学主题活动作为幼儿园科学教育活动的重要形式之一，要求教师既要尊重幼儿的兴趣与需要，了解幼儿的年龄特点和经验水平，又要有科学知识背景，了解科学的关键概念，并具有较高的教育教学能力。

第二节　幼儿园探究式科学主题活动的预设与生成

幼儿园主题活动即在幼儿园中围绕特定主题开展的教育活动，具体是指师幼围绕具有独特发展脉络或发展价值的主题开展的教育活动。

一、预设

主题活动的选择是主题教育活动设计的第一步，也是关键性一步，直接影响教育活动的价值和成效。在选择和确定主题的过程中要综合考虑以下因素。

（一）幼儿的生活经验、兴趣、需要

幼儿的生活经验、兴趣与需要是影响主题选择的首要因素。主题活动的选择遵从幼儿的兴趣，贴近幼儿的实际生活和已有经验，或者尽管目前幼儿没有直接表现出对该主题的关注，但由于它与幼儿的发展关系密切，符合幼儿的基本需要和心理特点，因而也会比较容易引发幼儿的兴趣和学习热情。这有赖于教师在日常生活和游戏中对幼儿的深入观察和了解。如大班幼儿在暑假后都带

来了"我的暑假生活"进行分享，分享过程中他们发现因为资料很多，出现了分享后资料杂乱无章、不易整理的问题，于是想出了对资料进行装订的办法。针对幼儿运用工具解决问题的需要，确定了"有用的工具"的主题活动。

（二）主题的教育价值

主题是否具有教育价值也是选择主题时必须要考虑的。幼儿的兴趣和需要是多元的、易变的，到底其中的哪一部分可发展成为主题教育活动，确实是需要教师根据主题可能蕴含的教育价值来做判断。例如主题是否有助于整理幼儿的经验或拓展幼儿的经验，是否有助于促进幼儿的认知发展，是否能够引发幼儿进行广泛而深入的探究活动等。

（三）教育资源现状

主题活动一般是需要持续一段时间的，围绕主题要开展一系列的教育活动，而活动的开展离不开教育资源的支持。选择主题的时候，应对教育资源现状做一个评估，看看能否取得更多的资源来支持主题活动的开展。例如主题活动"树"，由于幼儿园位于部队大院中，大院中有很多种类不同、数量众多的树木，因此可以为幼儿提供观察、感知的机会，有助于幼儿感知植物的多样性，积累植物在季节变换时的变化以及树种之间的不同经验。

（四）主题的可行性及操作性

一个具有可行性的主题，其所需要的活动材料必须是容易获得的，必须容易转化成具体的活动，让幼儿可以参与其中，有较强的可操作性。如"冬天来了"这个主题对于北方地区的幼儿来说，是一个比较值得探究的主题，因为地理原因、天气特点等，幼儿可以有很多可以参与和操作的活动，可以获得直接的感性经验。

（五）科学的学科体系和系统性

科学是一个比较系统和严谨的学科，探究式科学主题活动也应遵循学科的体系来确定主题活动。如"磁铁"这一主题，在不同的年龄班开展，所设定和达成的主题活动目标不同，活动内容也不同。小班开展有关磁铁的主题活动，目标应是感知磁铁吸铁的特性等；中班开展有关磁铁的主题活动，目标应是感知磁铁同极相斥、异极相吸的特性；大班开展有关磁铁的主题活动，目标应是感知磁铁不同部位磁力大小的不同、隔物吸物等特性。

二、生成

（一）怎样在科学探究过程中选择、生成活动的探究点

主题活动确立后，教师会凭借对幼儿已有经验、水平和发展需要的了解，预设网络图，但要注意适当留白。预设网络图设计得过满、过丰富，易出现在主题活动中教师意愿强，而幼儿参与性、主动性弱，从而被动接受的问题。而这个"留白"，则是对幼儿兴趣和需要的尊重，预留的内容是在开展主题活动的过程中出现的突发问题或幼儿新的兴趣和关注点，教师此时需要进行判断和筛选，选择有价值的内容生成活动的探究点，顺应幼儿的兴趣和需要继续开展活动，做到既能对整个主题活动从主题目标上进行把控，又能关注到幼儿的兴趣、需要、问题。

1.由幼儿遇到的困难或问题生成的活动。主题活动的选择以及内容的预设，虽然建立在幼儿已有发展水平和经验，以及发展需要或兴趣的基础上，但在实施过程中，也会出现之前预想不到的情况，需要教师及时把握和调整主题活动的开展方向。

如大班主题活动"奇妙的镜子"，随着主题活动的开展，幼儿都兴高采烈地在班里、幼儿园里寻找镜子。但在过程中出现了教师意料之外的问题：幼儿对于镜子概念的混淆，尤其是不能辨别镜子与玻璃，很多孩子把窗户上的玻璃、电视屏幕也认为是镜子。教师此时对主题活动进行了调整，以这个问题为切入点，针对幼儿的经验及认知水平，开展了一系列活动。动员家长参与，搜集了很多的玻璃和镜子，并引导幼儿观察和比较，发现了镜子的特征，感知了镜子的特性，从而也能够区分镜子和玻璃。

2.由幼儿对某一现象的关注和兴趣生成的活动。幼儿的兴趣是多变的，他们随时随地都可能冒出各种各样的想法。主题活动的开展是以幼儿的兴趣为前提和基础的，只有幼儿感兴趣，才能主动和积极地参与。因此教师要注重对幼儿的观察，及时捕捉幼儿的关注点和兴趣点，并通过分析这些关注点和兴趣点的可操作性、教育价值等因素，调整主题活动，生成新的活动。

主题活动"奇妙的镜子"，通过家园合作，幼儿从家里带来很多小镜子，放置在科学区的柜子里。多种多样的镜子吸引了很多幼儿的兴趣。活动区时间，幼儿总是喜欢拿起小镜子照来照去。其中有一种两面镜，有的幼儿在玩两

面镜时，发现打开的两面镜有时能够照出很多个自己的影像，这个现象吸引了同伴们的兴趣，引发了幼儿的好奇心。针对幼儿的兴趣，教师再一次调整了主题活动，生成了新的活动"镜子夹角的秘密"。幼儿在探究中逐步发现双面镜打开角度的大小与所成影像数量之间的关系，主动建构了新的经验。

教师要具有目标意识，遵循幼儿的兴趣、需要，通过环境材料、启发提问等方式间接引导幼儿主动思考、有效学习。只有灵活把握主题活动的预设和生成的关系，促使两者更恰当地融合，才能使幼儿在兴趣和需要的引领下主动参与，获得发展。

（二）各年龄班主题活动目标及适宜开展的活动内容

探究式科学主题活动作为一种有效的教学手段，在幼儿的教育中发挥着至关重要的作用。而探究式科学主题活动有声有色地开展，并且发挥其该有的效用，离不开教师的引导、鼓励、支持以及合作。教师对科学探究内容的选择、对幼儿的初始经验以及对核心概念的定位和把握是探究式科学主题活动在幼儿园能否有效实施的关键。教师必须始终坚持"幼儿自己的发现能激励他们更执着地探索"这样的信念，根据幼儿的年龄特点和兴趣，及时有效地为他们选择适合的活动和力所能及的目标。

小班活动目标及适宜开展的活动内容

活动目标	活动内容举例	
探究意识 1. 喜欢探究生活中的事物，愿意摆弄新鲜物品与事物。 2. 对探索自然现象和参与探究活动充满好奇。 3. 愿意积极探究有关声音的现象。 探究能力 1. 能够积极运用多种感官感知、摆弄所接触到的事物，探究欲望强烈。 2. 能够动手动脑探索事物。 3. 了解科学现象的基本特征以及产生原理，如声音是由振动产生的。 4. 愿意表达自己在探究活动中获得的感受和表现。 知识经验 1. 初步认识生活物品，简单了解其功能与作用。 2. 喜欢小动物和植物。 3. 能感知和发现物体和材料的软硬、大小、厚薄等特性。 4. 初步感知下雨、下雪等自然现象，能感知和体验天气对自己生活和活动的影响。 5. 结合生活需要，初步了解和体会动植物和人们生活的关系。 6. 认识生活中的常用调料（盐、醋、花椒、大料等），并能够通过嗅觉辨认各种调料。	动物类	小兔乖乖
		小鱼游游游
		小金鱼
		小蚂蚁
		可爱的小乌龟
		小鸡和小鸭
	植物类	小树叶
	自然物类	冬天来了
		有趣的磁铁
		好玩的沙子
		颜色变变变
		有趣的声音
		摸一摸
		尝一尝
		吹泡泡
	生活用品类	捞汤圆
		小漏斗的秘密
		糖果
		蛋宝宝
		好玩的洞洞
		好玩的小风车
		小剪刀
		图形宝宝
		小球滚起来

中班活动目标及适宜开展的活动内容

活动目标	活动内容举例	
探究意识 1. 初步观察、探索周围常见的事物，了解事物之间存在的简单关系以及简单规律。 2. 发现并分享周围事物有趣的现象。 3. 愿意操作有关光、电、磁的有趣材料，并能发现有趣的现象。 4. 愿意表达自己的发现。 5. 能够对身边常见的事物、现象进行大胆猜想和探索。 6. 愿意与他人分享观察、探索的乐趣。 **探究能力** 1. 观察周围事物，学习观察的基本方法。 2. 鼓励幼儿自发观察，并能对其进行简单表述。 3. 能大胆提出自己发现的问题。 4. 能对探索与发现的过程和方法进行表达。 5. 运用比较的方法进行科学活动，感受比较的过程和结果，获得初步的比较能力。 6. 能与同伴合作完成操作。 **知识经验** 1. 认识生活中有关电的常见物品（电脑、电线、电插头等），丰富有关电的经验。 2. 参与考察、种植和饲养活动，感知生物的多样性、独特性，以及生长发育、繁殖和死亡的过程。 3. 参加种植活动，通过观察同种植物在不同环境中的成长过程，初步体验追光现象。 4. 欣赏周围的景色，萌发热爱大自然的情感，培养初步的环保意识。	动物类	小蚂蚁
		蝴蝶
		蚕宝宝
	植物类	小树叶
		有趣的迷你种植
		我来种豆豆
	自然物类	水的魔力
		有趣的转动
		声音的秘密
		小花园
		风的秘密
		空气的秘密
	生活用品类	电池
		有趣的磁铁
		小车上坡
		旋转的陀螺
		奇妙的镜子
		多种多样的瓶子
		大大糖葫芦
		小冰糖
		筷子
		不倒翁

大班活动目标及适宜开展的活动内容

活动目标	活动内容举例	
探究意识 1. 对自己感兴趣的问题总是刨根问底。 2. 能经常动手动脑发现，主动问题、解决问题。 3. 在探索中有发现或惊喜时感到兴奋和满足，并能与同伴分享自己的喜悦。 探究能力 1. 能通过观察、比较与分析，发现并描述不同种类物体的特征或某个事物前后的变化。 2. 巩固用数字、图画、图表或其他符号进行记录的方法。 3. 能使用自己的方法对自己的猜想进行验证。 4. 愿意用恰当的方式表达、交流探索的过程和结果。 5. 巩固对季节变化周期性的理解，以及变化的顺序。 知识经验 1. 巩固常见物体的结构与功能之间的关系。 2. 了解动植物的外形特征、习性与生存环境的关系。 3. 能探索并发现常见的科学现象产生的条件或影响因素。 4. 初步了解人们的生活与自然环境的密切关系，知道尊重和珍惜生命，保护环境。	动物类	鸟
		蜗牛
		蚂蚁王国
		鸽子
	植物类	种瓜种豆
		美丽的花
		各种各样的树
	自然物类	蹭一蹭
		污水处理
		光和影子
		身边的重力
		放风筝
		神奇的弹力
		空气
		垃圾分类
	生活用品类	神奇的浇花器
		风力吊车
		好玩的螺旋桨小车
		量一量
		多变的陀螺
		果实——榨果汁
		自行车
		神奇的工具
		降落伞
		各种各样的纸

第三章

幼儿园探究式科学主题
活动案例

第一节　小班探究式科学主题活动案例

主题活动一：好玩的洞洞

一、主题活动由来

小班的孩子们对身边的一切都充满了好奇，一双双大大的眼睛观察着周围的事物，感知着周边的世界……

每当吃炸酱面的时候，孩子们都会欢呼"今天要吃炸酱面啦"。当保育老师推着饭车走进班级，捞面条的时候，只见面条汤从笊篱的洞洞里流下来，而面条留在了笊篱上面。孩子们瞪大眼睛望着面条桶，昊昊说："面条汤流下来了。"霏霏说："那个东西我家也有。"老师举着笊篱问："是这个吗？"霏霏点了点头。博博说："上面有很多洞。"诗佳说："妈妈给我买了娃娃家的新玩具，就有一个小的东西，上面有很多洞洞。"老师问："那你还在哪里见过洞洞？"晨晨说："吃火锅的勺子有洞洞。"宁宁说："玩具筐上也有洞洞。"……看着孩子们可爱的小脸和充满好奇的眼睛，一个探索洞洞秘密的活动就这样开始了。

二、主题活动目标

1.情感目标：

（1）愿意参加科学探究活动，对探究洞洞的秘密感兴趣。

（2）能够大胆表述自己的想法。

2.知识目标：

（1）能够寻找生活中存在的洞洞，并了解其作用。

（2）能够给洞洞分类，认识大洞洞与小洞洞。

（3）通过游戏，感知洞洞的大小与被分离物的关系。

3.技能目标：

（1）初步培养解决生活中常见问题的能力。

（2）学会使用有洞洞的工具。

活动一：我发现的洞洞

【活动目标】

能够发现并分享发现的洞洞。

【活动重点】

发现生活中的洞洞。

【活动准备】

笋、漏勺、玩具筐等有洞的物品。

【活动过程】

一、寻找班级里的洞洞（图1～图5）

图1　　　　　　　　　　　图2

图3　　　　　图4　　　　　图5

二、互动问答

1.玩具上的洞洞有什么作用呢？

玩具上的洞洞是为了让小朋友玩得更开心，敲敲球上的洞洞是为了让小球漏下去，洞洞书上的洞洞藏着各种故事。

2.暖气罩和小筐上的洞洞有什么作用呢？

暖气罩上的洞洞是为了让暖气片的热气散发出来，小筐上的洞洞是为了方便洗菜、洗水果。

三、身上的洞洞（图6～图8）

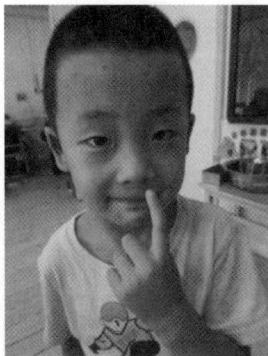

图6

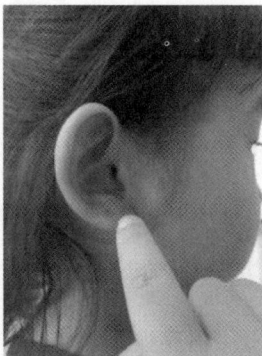

图7

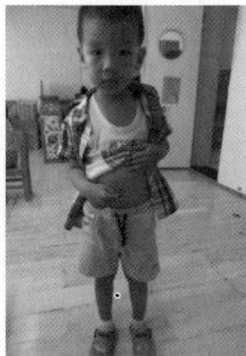

图8

四、交流讨论

1.身体上为什么会有洞洞呢？这些洞洞有哪些作用呢？

身上的洞洞是我们身体的一部分，有很大的作用：鼻孔是用来呼吸的，耳朵上的洞洞是用来听声音的，肚脐上的洞洞是脐带留下的，当宝宝在妈妈肚子里的时候，妈妈是靠脐带给宝宝输送营养的。

2.玩具上的洞洞和身体上的洞洞有什么共同的作用呢？

都能给我们的生活带来便利。

【环境创设】

将幼儿在班级内搜寻到的洞洞进行拍照记录，制成小册子，放置在图书区供幼儿翻阅，启发幼儿思考这些洞洞的作用。

【家园共育】

鼓励幼儿回家搜寻家里的洞洞，并拍成照片，随后在园里进行交流。

活动二：洞洞的作用

【活动目标】

1.了解洞洞的作用。

2.能够大胆表述自己的想法。

【活动重点】

结合生活经验，知道洞洞的用途。

【活动准备】

师幼共同搜集的带洞洞的工具。

【活动过程】

一、导入环节

教师：有些洞洞工具是我们经常能见到的，有些洞洞工具是不常见的。今天，我们就一起来看看这些洞洞工具，想想这些工具可以干什么。

二、主要环节

1.与幼儿共同讨论洞洞的作用，鼓励幼儿大胆表述。

提问：这些洞洞工具可以干什么？有什么作用？

2.教师讲解不常见的洞洞工具的作用。

三、结束环节

在区域活动中引导幼儿了解更多洞洞工具的作用。

【环境创设】

将幼儿搜集的洞洞工具的图片彩打出来供幼儿观察。

【家园共育】

引导家长了解现阶段活动的开展情况，鼓励家长配合班级活动。在日常生活中，可引导幼儿对家里的洞洞工具做简单的了解。

活动三：好危险的洞洞

【活动目标】

1.能够根据故事内容进行简单的联想。

2.知道电源插座有危险，不能随意动。

3.通过阅读故事能够安全用电，提高自我保护的意识。

【活动重点】

知道有危险的洞洞不能随意动。

【活动准备】

图片、绘本《危险的洞洞》。

【活动过程】

一、导入环节

教师讲故事并提问。

教师：小朋友知道墙上面的黑色小洞洞有什么作用吗？

二、主要环节

1.鼓励幼儿结合故事内容说说自己的发现。

幼儿：小鸡对黑洞洞很好奇。

幼儿：洞洞是用来看电视的。

幼儿：里面都是电。

幼儿：小洞有电，不能乱动。

教师：小黄狗为什么要制止小鸡？

幼儿：太危险了，会电死人的。

2.讲述绘本故事。

教师：故事讲了什么内容？

幼儿：有一个淘气的小朋友去摸电源插孔，触电了。

教师：我们在哪儿见过插头？

幼儿：小三班。

幼儿：还有我们家。

教师：我们怎样做才能不触电呢？

幼儿：不摸电源插孔，不摸插座。

3.教师出示安全用电的标志，讲解安全用电小常识。

请小朋友为家里和幼儿园制作安全用电小标志。

三、结束环节

在生活中有很多洞洞，洞洞能给我们带来便利，如笊篱、筛子、洞洞玩具等；但有些洞洞在带来便利的同时，也存在一定的危险，如今天我们讨论的电源插座上的洞洞。我们要学着分辨危险的洞洞，不去触碰它。

【环境创设】

1.将幼儿在幼儿园寻找危险的洞洞和探索时的活动照片展示在主题墙上。

2.将危险的洞洞用照片展示出来，供幼儿观察。

【家园共育】

家长引导幼儿认识并远离危险的洞洞，学习保护自己。

活动四：红豆、小米能漏下去吗

【活动目标】

1.通过操作感知洞洞的大小。

2.感知洞洞与物体大小（红豆、小米）的关系。

【活动重点】

1.了解洞洞的特征。

2.感知洞洞大小与物体大小的关系。

【活动准备】

莲蓬若干，大小不同的筛子、漏勺、笊篱等，红豆、小米等。

【活动过程】

一、导入环节

教师出示莲蓬，激发幼儿参与活动的兴趣。

教师：小朋友，你们看老师今天带来了什么？

幼儿：莲蓬。

幼儿：莲蓬里面有莲子，可好吃啦。

……

二、主要环节

1.剥出莲子，探索洞洞。

教师：我们大家一起把莲子剥出来好吗？

师幼一起剥莲子，莲子剥出后放在一边备用。

教师：把莲子剥出后，莲蓬上是不是有洞洞？这个洞洞能把莲子漏下去吗？它为什么不能把莲子漏下去呢？

小结：因为有的洞洞下面是空的，能把物体漏下去，就像笊篱和筛子；有的洞洞下面不是空的，能托住物体。

2.选择带洞洞的工具进行实验。

（1）实验前鼓励幼儿猜想哪种工具能将红豆漏下去，记录猜想结果。

（2）幼儿尝试实验（图9～图10）。

图9

图10

3.交流互动。

关键提问：洞洞能将红豆漏下去吗？

　　　　　为什么红豆没有漏下去？

幼儿：因为洞洞太小了，红豆没有漏下去。

教师：那你试试小洞洞能把小米漏下去吗？

幼儿：小洞洞能把小米漏下去。

幼儿：我的洞洞能把红豆漏下去。

教师：为什么你的洞洞可以把红豆漏下去？

幼儿：因为我筛子上的洞洞大。

幼儿：我的洞洞能将红豆漏下去，也能把小米漏下去。

教师：试一试，洞洞能把莲子漏下去吗？

幼儿：我的洞洞不行。

幼儿：我的笊篱可以将莲子漏下去。

4. 分享操作结果。

莲子从洞洞里漏下去了吗？为什么呢？

红豆从洞洞里漏下去了吗？为什么呢？

小米从洞洞里漏下去了吗？为什么呢？

幼儿表述自己的操作结果：大洞洞可以把莲子、红豆、小米都漏下去，小洞洞只可以把小米漏下去。

三、结束环节

幼儿继续交流探究结果。

【环境创设】

1. 将幼儿游戏过程中的照片布置在主题墙上。

2. 将材料投放在科学区，供幼儿继续探索。

【家园共育】

1. 请家长与孩子在家开展漏红豆（黄豆、小米等）的游戏，与孩子共同体验探究的快乐。

2. 以微信的形式与家长分享班级筛红豆、小米的活动瞬间，鼓励家长与幼儿一起开展关于洞洞的有趣活动。

活动五：帮帮小青蛙

【活动目标】

1. 理解洞洞的大小与物体大小之间的关系。

2. 能够大胆表述自己的发现。

【活动重点】

通过游戏，感知洞洞大小与物体大小之间的关系。

【活动准备】

青蛙玩偶、筛子、芝麻和绿豆。

【活动过程】

一、导入环节

教师举着青蛙玩偶扮演青蛙：小青蛙不小心把绿豆和芝麻混在一起了，小朋友能否帮它快快区分出来。

二、主要环节

幼儿：可以用拣的方法区分绿豆和芝麻。

幼儿：芝麻太小，用手拣太慢了。

幼儿：用筛子把芝麻筛出去。

小朋友们都同意用筛子将芝麻筛出来的提议，大家纷纷动手拿起筛子和盆进行操作。

幼儿操作（图11～图13）：

图11　　　　　　　　图12　　　　　　　　图13

三、结束环节

教师：为什么芝麻漏下去了，绿豆留在了筛子里？

幼儿：因为筛子的孔比芝麻大。

幼儿：绿豆比筛子的孔大，所以漏不下去。

【环境创设】

将幼儿的活动过程用表格与照片的形式呈现在主题墙上。

【家园共育】

家长可带领孩子亲近大自然，利用洞洞工具玩沙、玩土。

活动六：土里有大块疙瘩怎么办

【活动目标】

1.通过操作能够将土里的疙瘩分离出来，进一步感知洞洞与物体大小的关系。

2.培养解决问题的能力。

【活动重点】

利用各种带有洞洞的工具分离土和土疙瘩。

【活动准备】

各种有洞洞的工具、土。

【活动过程】

一、导入环节

教师：刚才小朋友们发现土里有土疙瘩，那你有什么好方法可以将土里的土疙瘩取出来呢？

二、主要环节

1.幼儿提出解决办法：用筛子把土疙瘩取出来。

2.幼儿选择不同的筛子筛土疙瘩。

3.幼儿尝试筛土（图14）。

图14

（1）发现：大洞洞的工具能把小土块漏下去（图15），小洞洞的工具不能把小土块漏下去（图16）。

图15

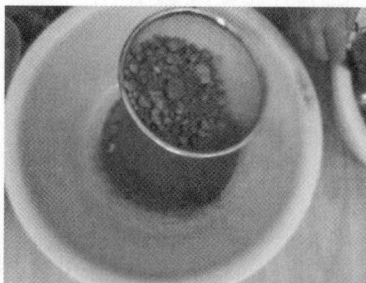

图16

（2）摸一摸，比一比。

三、结束环节

1.引导幼儿比较筛下来的土疙瘩和不能筛下来的土疙瘩。

2.比较网眼和不能筛下来的土疙瘩的大小，发现不能筛下来的土疙瘩比网眼大。

3. 请幼儿比一比自己筛的土疙瘩和别人筛的土疙瘩有什么不同。

【环境创设】

1. 主题墙：将幼儿分离土和土疙瘩的方法布置在主题墙上。

2. 自然角：提供有洞洞的工具，引导幼儿多次尝试分离土和土疙瘩的方法。

【家园共育】

1. 家长可带领孩子亲近大自然，利用有洞洞的工具玩沙玩土。

2. 在家园栏中分享幼儿在园开展分离土疙瘩的活动照片，体验在遇到问题后寻找解决问题方法的快乐。

主题活动总结

随机生成的教育活动往往是幼儿最感兴趣的。从问题出发，一点点寻找问题的答案。引导幼儿不断积极思考是幼儿探究能力不断提升的重要途径。活动中，幼儿表现出专注性，尝试用各种有洞洞的工具筛土，幼儿一次次地进行实验。在与同伴分享经验的时候，幼儿的脸上流露出快乐与喜悦的神情，真正体验到操作实验带来的快乐。

主题活动点评

《指南》明确要求教师要利用幼儿身边的事物和现象作为幼儿科学探索的对象。幼儿的科学探究是从身边的事物开始的，它能使孩子感到科学并不遥远，科学就在身边。

生活中大大小小的"洞洞"无处不在，孩子们对洞洞具有一定的感性经验，教师借助生活中的常见事物引导幼儿探索，让幼儿在亲身经历的研究过程中体验发现的乐趣和成功的快乐，以更好地促进幼儿的全面发展。在活动中，不难看出幼儿对洞洞以及有洞洞的工具已经比较熟悉，并能将已有经验迁移过来，解决实际存在的问题，初步培养了幼儿遇到问题能够想办法解决问题的能力。

教师：郭小艳　赵西娜

主题活动二：好玩的沙子

主题活动由来

幼儿对沙子有一种天生的喜爱，在玩沙的过程中，他们的想象力、观察力、创造力都能得到较好的发展，手部肌肉也能得到锻炼。同时，沙子是一种低结构材料，可随意操作。根据孩子的兴趣特点，我们开展了本次主题活动。

主题活动目标

1.情感目标：喜欢并愿意玩沙子，在玩中体验快乐。

2.知识目标：通过观察与比较，感知干、湿沙子的不同；在游戏中认识不同的沙子，了解沙子的特性。

3.技能目标：在游戏中发现不同沙子的特性，掌握筛沙、称沙等技巧；通过参观、交流与操作了解沙子在生活中的作用；提升观察、记录、操作、表达等能力，增强发现、梳理、解决问题的能力。

活动一：玩沙子

【活动目标】

1.增加对沙子的认识和了解。

2.发展表达和交流能力。

【活动重点】

增加对沙子的认识和了解，明确对沙子的兴趣点。

【活动准备】

1.经验准备：玩过沙子。

2.物质准备：塑料碗、水瓢、一盆沙子。

【活动过程】

一、导入环节

教师：小朋友们，沙子好玩吗？

幼儿：好玩，我们都喜欢。

教师：谁知道玩沙时应该注意什么呢？

幼儿：玩沙时不能扬沙，沙子会迷眼睛的。

幼儿：玩沙要注意卫生，玩完要洗手。

二、主要环节

1.出示沙子，引导幼儿认识沙子。

教师：这是一盆沙子，观察一下，沙子是什么样的？

幼儿：沙子是滑滑的。

幼儿：沙子是黄色的。

幼儿：沙子是散散的。

幼儿：一扔沙子，它会飞起来。

2.请幼儿通过触摸、观察来感知沙子的特征。

教师：你们摸一摸、看一看，说说沙子有什么特征？

幼儿：沙子是一粒一粒的。

幼儿：沙子有粗有细。

幼儿：沙子是松松散散的。

幼儿：沙子抓在手里麻麻的。

幼儿：沙子干干的，还扎手。

幼儿：老师你看，沙子里有很多石头块儿，当然扎手呀！

教师：小朋友玩沙时，怎样才能避免被扎到？

幼儿：把石头挑出来，这样其他小朋友来玩沙子的时候，也不会被扎到了。

三、结束环节

1.小结：今天小朋友发现了沙子的秘密，知道沙子有粗有细、松松散散，抓在手里麻麻的。

2.提出新的问题。

教师：小朋友在玩沙的时候，发现沙子里面有很多小石头。有什么快捷的方式把石头挑出来呢？

【环境创设】

1.在主题墙上，把幼儿探究活动的内容用图片及照片的形式展示出来。

2.在科学区投放一些沙子供幼儿探究。

【家园共育】

教师把幼儿的兴趣点和这次活动的开展情况通过家园栏的本月主题栏目的形式介绍给家长，让家长及时了解主题活动的进展。

活动二：筛沙取石头

【活动目标】

知道运用合适的工具能更快捷地取出沙中的石头。

【活动重点】

1.引导幼儿找到从沙子中取石头的好方法。

2.了解沙子粗细与筛子网眼大小的关系。

【活动准备】

1.经验准备：了解沙子的基本特征及筛沙工具的使用方法。

2.物质准备：大沙池，不同网格大小的筛子，大于筛子网格的石子一筐，红、绿两种颜色的小筐各一个。

【活动过程】

一、导入环节

教师：我们在上次活动中认识了沙子，最后留给大家一个思考题——怎样更快速地取出沙中的石头？大家想到合适的办法了吗？

幼儿：用小铲子扒开沙子，用手把石子一个一个地拣出来。

幼儿：这个办法太慢了，我带来了小筛桶，这个快。

幼儿：我们用这个大筛子，一定筛得快。

教师：那我们一起行动起来取石头吧。再想一想取出来的石头你们准备放到哪里？

幼儿：放到沙坑外面。

幼儿：我们放沙坑这边，你们放沙坑那边，看谁取的石头多。

二、主要环节

1.幼儿选择自己喜欢的工具并自由结伴玩取石头的游戏。

2.教师巡回观察，适时介入，和幼儿一起筛沙取石。

3.观察工具与沙子的关系。

提问：你们看一看哪一组取的石头多，为什么？

幼儿：第三组取出的石头最多。

教师：为什么？

幼儿观察后说：他们的筛子大。

提问：你们看一看哪一组筛的沙子最细？

大家观察后说：第一组。

教师：为什么呢？

请幼儿观察筛子网格的大小。他们发现第一组用的是不同密度的3个筛子，能很快地把大石头、小石头与沙子分开。

三、结束环节

小结：大小不同的东西混在一起时，用筛子就可以很快地把它们分开。

【环境创设】

根据主题探究的进程及时调整并增加主题环境内容，帮助幼儿提升探索的积极性。

【家园共育】

利用家园栏，让家长主动发现并关注主题活动的进展。

活动三：称沙子

【活动目标】

能够想出称沙子的办法，提高解决问题的能力。

【活动重点】

通过多种方式引导幼儿寻找称沙子的办法。

【活动准备】

1.经验准备：参观中大班的科学区时，听哥哥姐姐介绍过天平秤。

2.物质准备：天平秤、干沙子与湿沙子若干、容器、探索图片。

【活动过程】

一、导入环节

出示干沙子和湿沙子各一杯，并提出问题：老师想知道同样一杯沙子，是干沙重还是湿沙重，谁能帮帮我？

幼儿：可以放在手里掂一掂。

幼儿：这样不准确，可以称一称，我跟妈妈买菜的时候都是称一称的。

教师：大家想用什么称沙子呢？

幼儿：我姐姐班有秤，我去借。（孩子们从大班借来了天平秤）

二、主要环节

1.称沙子。

孩子们围着借来的天平秤，不知道怎样称沙子，他们一边讨论一边探索。

幼儿：装湿沙的杯子放这边，装干沙的杯子放那边。

教师：你来试一试吧！

幼儿分别将装湿沙和干沙的杯子放在天平秤的两端，观察了一会儿说：你们看，干沙、湿沙不一样多，不行！

教师：为什么不行？

一位幼儿观察后说：两个杯子一样大，可装的沙子不一样多。

教师：小朋友说得真好，怎样让沙子一样多呀？

幼儿：在杯子内壁上做标记。

2.个别幼儿操作，教师与幼儿观察。

幼儿找来两个贴好标记且一样大的杯子，都装上干沙子，称了一下，发现一样重（图17）。

教师：一样多的干沙一样重，大家想一想，一样多的干沙和湿沙会一样重吗？

幼儿将一样多的干沙和湿沙放在天平秤上，发现天平向湿沙那边倾斜了（图18），这表明湿沙重。

图17

图18

三、结束环节

教师：杯子里的湿沙和干沙一样多，为什么湿沙比较重呢？

小结：湿沙里面水分比较多，所以比较重；干沙里没有水分，所以比较轻。

【环境创设】

把孩子们探究的过程拍下来并展示在主题墙上；把幼儿提出的新问题整理成图画的形式，呈现在主题墙上，与大家分享。

【家园共育】

引导幼儿把自己的想法分享给家人，并和家人一起寻找不同的沙子。

活动四：筛土取细沙

【活动目标】

在玩中感知并了解沙与土的特性，找出从土中取细沙的办法。

【活动重点】

在游戏中找出从土里取细沙的好办法。

【活动准备】

1.经验准备：有从沙中取石头的初步经验。

2.物质准备：幼儿带来的各种不同的沙子、土和多种辅助材料。

【活动过程】

一、导入环节

早上来园，幼儿带来了各种沙子，教师找来大筐分类装沙，然后幼儿把带来的沙子放到科学区。

二、主要环节

1.交流、观察、讨论。

教师：这些沙子是从哪里找到的？

幼儿：我的沙子是从游乐场买的。

幼儿：我带的沙子是我和妈妈从工地上找到的。

幼儿：这是我和爸爸妈妈去海边带来的沙子。

教师：请小朋友们看一看、摸一摸，它们有什么不一样？

幼儿：白沙子颗粒大。

幼儿：黄沙子细细的、软软的。

幼儿：还有点潮潮的。

幼儿：亮闪闪的，真好看。

教师：大家仔细观察，你们带来的都是沙子吗？

大家进行观察与比较。

幼儿：我认为婧婧带来的不是沙子，而是土块儿。

幼儿：我认为婧婧带的是沙子，只是和土的颜色一样。

教师和幼儿一起到室外挖土，带回班进行比较。

幼儿：婧婧带的沙子里好像有土，是棕黄色的，里面有粗的颗粒。

幼儿：有的沙子很脏，里面有土和土块儿，我们把它清理干净吧！

小结：通过对比，幼儿发现泥土的颜色和婧婧带来的沙土颜色差不多，但婧婧带来的沙土颗粒有粗有细，而泥土很细。

2.游戏"土沙分离，谁最快"。

教师：我们现在想要获取细沙，怎样能很快地得到细沙？

幼儿纷纷给出建议并动手尝试，最后一致发现用筛子取细沙最快。

（1）幼儿进行取细沙活动，教师巡回指导。

部分幼儿选择用小筛桶来筛沙土，还有一部分幼儿用小筛子来筛沙土。

（2）观察结果：用小筛桶筛沙子又快又多，但没有把沙土分出来；而细筛子的洞比较小，把沙与土都分开了。

三、结束环节

幼儿分享自己的发现：小筛桶的洞比较大，能筛出土块，而细筛子的洞很小，能把沙子留在筛子上，把土筛下去。

【环境创设】

在科学区创设主题墙饰，让幼儿把自己想出的好办法通过图片展示出来。

【家园共育】

和爸爸妈妈寻找沙子并把它带到幼儿园，让小朋友进行观察。

活动五：沙子大变身

【活动目标】

通过玩"沙子大变身"的游戏探索干沙和湿沙的不同。

【活动重点】

在玩沙的过程中引导幼儿发现干沙与湿沙的不同特性。

【活动准备】

1.经验准备：已经知道沙子有很多种类，了解沙子的基本特征。

2.物质准备：沙雕图片、沙子、抹布、瓶子、铲子、盒子、动物模型、废旧纸杯、玩沙工具等。

【活动过程】

一、导入环节

教师出示沙雕图片：这是什么？

幼儿：沙雕。

幼儿：我们也想玩沙子大变身了。

二、主要环节

1.幼儿用铲子、瓶子、筛子、小碗、动物模型等玩"沙子大变身"，在玩的过程中发现了一些问题。

幼儿：沙子一扣就散，根本就不能大变身。

教师：沙子为什么一扣就散呢？

幼儿：因为那些沙子比较干，扣完打开，沙子就散开了。

幼儿：我这里的沙子是湿沙，湿沙能黏在一起，看，我捏了一个大馒头。

2.提问：为什么干沙容易散开，湿沙能塑形呢？

幼儿：干沙太干了，黏不住。

幼儿：因为湿沙含有水分，具有黏性。

……

3.进一步探索，教师巡回指导。

根据幼儿的能力进行个别指导。

引导幼儿共同建造城堡，创造出和别人不一样的东西等。

三、结束环节

1.请幼儿在讲评会上分享自己的发现。

2.梳理经验：干沙会流动，用容器把沙子扣好再拿开容器后，沙子迅速流动，不能保持原来的造型。湿沙里面有水分，用容器扣住，沙子就黏在一起了。把容器拿开时，沙子能保持原来的形状，紧紧地"抱"在一起，从而变成各种造型。

【环境创设】

根据主题探究的进程及时调整并增加主题环境内容，帮助幼儿提升探索的积极性。

【家园共育】

利用家园栏或微信群请家长关注主题进展，主动参与孩子的活动。

活动六：好玩的沙子玩具

【活动目标】

愿意用沙子制作出自己想要的玩具。

【活动重点】

了解沙子的质感不同，发出的声音也不同。

【活动准备】

1.经验准备：了解并玩过音乐区的各种乐器，见过沙画表演。

2.物质准备：区域材料、沙子若干，沙锤、沙画玩具等。

【活动过程】

一、导入环节

请幼儿观察沙画、沙锤玩具等。

二、主要环节

1.探索玩法。

幼儿观察沙子玩具后，纷纷要求去科学区。

教师：你们想去做什么呀？

幼儿：我想制作沙画。

幼儿：我想制作沙锤。

幼儿：我想制作沙球。

教师：你们用什么东西制作乐器呢？

幼儿：用瓶子和沙子。

幼儿：串珠和沙子。

……

2.选择工具进行制作，教师观察指导。

教师：你们可以到其他区域找材料。

（1）幼儿到不同区域寻找材料。

（2）幼儿制作，教师巡回指导。

（3）活动区讲评。

幼儿：这是我做的沙画，把不同的沙子放在托盘里，因为沙是流动的，所以用手推动沙子，沙子就能变成各种不同的画，很神奇。

幼儿：这是我用药瓶制作的沙锤，你们听一听，沙子能在沙锤里面不停地跳动，发出好听的声音。

幼儿：这是我用串珠制作的沙球，你们猜一猜，它里面放的是什么沙子？

幼儿：这是我用"套碗小人"制作的不倒翁，请你们猜一猜它为什么不会倒呢？

三、结束环节

1.幼儿轮流玩新制作的玩具，感知沙子的作用与特征。

2.通过制作和玩沙子玩具，发现：

（1）不同粗细的沙子发出的声音不同：白沙子颗粒大、粗糙，发出的声音大；而沙滩的沙子颗粒小，细而软，发出的声音小。

（2）干沙比较散，能流动，所以用手来回滑动能变换不同的图形。

（3）沙子比较沉，在不倒翁里来回流动，所以不倒翁能来回摇晃。

【环境创设】

创设主题版块，让幼儿把自己创作的沙画与制作的沙子乐器展示出来，便于其他幼儿观察、探索。

【家园共育】

回家与爸爸妈妈分享自己的创意。

主题活动总结

通过对沙子的探索，幼儿不但了解了沙子的主要特征和特性，还通过各种活动和游戏认识了各种沙子及玩沙工具，初步了解了它们的用途及其在生活中的应用。幼儿在玩中学会观察、操作、交流，并把自己的发现加以梳理，在讲评会上与大家分享自己的发现。通过游戏，幼儿发现干沙能流动，所以用手来回滑动能变换不同的图形；湿沙有黏性，能变化出各种造型。通过制作和分享，幼儿发现不同粗细的沙子发出的声音不同：白沙子颗粒大、粗糙，发出的声音大；沙滩的沙子颗粒小，细而软，发出的声音小。活动培养了幼儿细致观察、大胆尝试、积极交流、勇敢表达的能力，使幼儿在探索活动中得到快速成长。

主题活动点评

从孩子们带来的沙子及家园栏的主题栏目可以看出，主题活动的开展是幼儿感兴趣、积极性较高的探究活动。在活动开展过程中，教师与家长沟通并得到家长的积极配合，这对活动的开展有很大帮助。

活动中，教师注意开辟区域空间和环境，投放丰富有层次的材料，让幼儿有多种选择并能自由地观察、操作、交流。教师还运用多种形式及各种游戏调动幼儿探索的主动性和积极性，并同幼儿一起合作，把他们的发现运用照片、绘画的形式布置到主题墙上，形成真正意义上的区域活动与集体活动的互动，取得了较好的效果。

教师：余　青

主题活动三：小球滚起来

主题活动由来

近几天，班里的幼儿对其他班幼儿带来的各种皮球产生了兴趣。有的幼儿观看其他班幼儿踢皮球，有的幼儿去拿其他班幼儿的皮球。回班后，孩子们也围绕球进行讨论。

教师看到孩子们对球产生了浓厚的兴趣，抓住时机开展了本次主题活动。

主题活动目标

1.情感目标：愿意参加游戏活动，体验探究的乐趣。

2.知识目标：认识球的特性及玩法；了解球在不同质地、不同坡度上的滚动速度不同；培养观察、判断能力。

3.技能目标：通过操作与游戏，感知并尝试球的多种玩法；在玩中了解游戏规则，培养观察、操作、表达能力，提升发现问题与解决问题的主动性。

活动一：小球能在哪里滚动

【活动目标】

1.了解球的特征，知道球能在哪里玩。

2.对球的滚动产生好奇心，探索在哪里玩球不危险。

【活动重点】

寻找适合玩滚球的地方，能够自己想办法解决问题。

【活动准备】

1.经验准备：认识并玩过几种球。

2.物质准备：户外场地，事先在教室里投放各种各样的球。

【活动过程】

一、导入环节

玩游戏"找球"。

教师：小朋友们，我们班里藏了好多球，请你们找一找。

幼儿找到球后，讨论球的玩法。

二、主要环节

教师：你们想怎样玩球？

幼儿：我想在操场的塑胶地上滚球。

幼儿：我想在草地上滚球。

教师：大家都想玩滚球游戏，那我们先试一试球在哪里滚动的最快吧。

幼儿尝试在各种地方滚球，如沙地里、草坪上、塑胶跑道上、滑梯上、石子路上等。教师指导并为幼儿拍照。

三、结束环节

1.讨论：请幼儿向大家介绍自己玩球的方法与经验。

让幼儿观看教师拍摄的照片，请他们交流自己的发现和困惑，调动幼儿探索滚球的兴趣。

2.总结梳理经验。

教师：小朋友在玩球的过程中有什么发现，请说一说吧。

幼儿：在沙子地、草地上滚球滚不快。

幼儿：橄榄球不圆，所以滚不起来。

幼儿：在楼梯上滚球危险。

幼儿：球在滑梯上（小坡）上滚得最快。

幼儿：足球、篮球等表面光滑的球跑得快。

【环境创设】

教师将抓拍的幼儿在户外玩球的照片展示在主题墙上，根据情景设置问题，激发幼儿积极探索的兴趣。

【家园共育】

创设相关家园栏目，让家长了解孩子们开展的主题活动，并与孩子一起寻找资料，进行主题互动。

活动二：小球赛跑

【活动目标】

1.感知球在不同材质的跑道上滚动的速度不同。

2.知道球的材质不同，在相同跑道上滚动的速度不同。

【活动重点】

学习制订游戏规则，共同布置区域场地，在玩中发现问题，学习自己解决问题。

【活动准备】

1.经验准备：和其他小朋友一起玩过滚球游戏，制订过游戏规则。

2.物质准备：赛跑的图片、科学区的各种材料、各种球。

【活动过程】

一、导入环节

出示赛跑的图片：谁知道图片上的两位小朋友在干什么？

幼儿：赛跑。

教师：赛跑也叫田径比赛，田径比赛要在哪里跑？

引导幼儿知道赛跑要在跑道上进行。

教师：我们今天来玩一个特殊的游戏，名字叫"小球赛跑"。

二、主要环节

1.分组。

教师：我们先为小球宝宝搭建跑道吧。

鼓励幼儿说说自己想搭建什么样的跑道，并分组搭建跑道。

2.尝试搭建。

（1）幼儿分组后一起尝试搭建。

（2）幼儿找材料并和同伴一起设计跑道。

一组用软的珍珠棉搭建跑道。

二组用积塑搭建跑道，用拱形门当终点的标志物。

三组找来蓝色和橘黄色的即时贴，当跑道隔断和起跑线。

（3）发现问题。

①积塑跑道不坚固，大球一碰就坏。

②忘了设置终点线。

（4）根据问题进行改进。

3.小球赛跑。

（1）一组找来了两个乒乓球，放在不同材质的跑道上滚。

（2）二组拿了两个海洋球，放在不同材质的跑道上滚。

（3）三组拿了两个硬皮球，放在不同材质的跑道上滚。

4. 讨论。

幼儿讨论小球在什么样的跑道上跑得快，在相同的跑道上什么球跑得更快。

一组：珍珠棉太软，乒乓球在上面跑不快。

二组：小球在积塑跑道上没有在地板上跑得快。

三组：在相同的跑道上，海洋球没有皮球跑得快。

三、结束环节

小结：通过多次尝试，孩子们发现，一样的球在软硬不同的跑道上滚动，在硬的跑道上滚得快，在软的跑道上滚得慢。

【环境创设】

教师把幼儿制订的规则、实验的方法、玩中的发现抓拍下来，在主题板上进行展示，方便幼儿观察交流，总结经验。

【家园共育】

1. 请家长引导孩子在回家后继续尝试用多种方法玩球。

2. 请家长继续关注家园栏，了解主题活动的进展，同孩子一起探索球的玩法。

主题活动总结

小班幼儿好奇心强，喜欢玩球，自从开展这一主题活动后，幼儿各方面的能力都有了进步，愿意在不同的地方和坡度上感知不同球的玩法，在玩中发现问题。教师抓住幼儿的兴趣点，寻找规律，通过不同的游戏让幼儿寻找不同的球并感知球的速度，调动幼儿探索的积极性并引导幼儿总结梳理经验。在探索活动中，平时做事不够专注的孩子都有了进步，能主动跟小朋友一起游戏，特别是学会了制订游戏规则以及小球的各种玩法。在游戏中发现问题去请教教师，还能与同伴交流、探讨，并主动地操作与验证。还能在教师的引导下，把自己的所想、所见用自己能表达的方式进行记录，在教师的鼓励下与同伴进行分享，初步发展了表达、绘画、操作等能力。幼儿发现问题、解决问题的能力有了初步的发展，为主动探究意识的形成打下了基础。

主题活动点评

教师能捕捉幼儿的兴趣点，引发幼儿交流见过的球。在交流中，教师了解幼儿对球的认识程度。教师还运用家园栏、聊天、提问、交谈等多种方法进行引导，不但调动了幼儿寻找"球"的积极性，而且提高了幼儿的任务意识。

教师在幼儿区域活动时注意观察，发现幼儿有争议时能及时介入，运用提问的方法转移幼儿的思路，运用启发式提问进一步调动幼儿创设新跑道的热情，开阔了幼儿的思维。教师变换不同的角色参与幼儿游戏，不断提升幼儿的任务意识，初步培养了幼儿的合作能力，提升了幼儿进一步探索的欲望。鼓励幼儿大胆介绍自己的作品，以点带面，调动更多的幼儿参与探索活动。还运用交流互动的方法提升幼儿梳理经验的能力，促进了目标的达成。运用比较的方法鼓励幼儿寻找玩具材料进行赛跑。运用鼓励与表扬的方法肯定幼儿的想法，调动幼儿发现问题、解决问题的能力。运用比较与触摸的方法找出滑梯面的不同。运用同伴协作、一起游戏的方法调动幼儿积极合作、参与游戏的兴趣。教师鼓励幼儿大胆游戏，帮助幼儿梳理并分享经验，取得了较好的效果，特别是利用家园栏及家长互动反馈，较好地调动了家长参与活动的积极性，从而让幼儿得到更全面的发展。

教师：余　青

主题活动四：大蒜宝宝

主题活动由来

在自然角探究活动中，小班幼儿有其明显的特点：观察能力弱，兴趣不足，关注时间短，只能观察动植物的表面现象、明显特征以及变化。进入秋冬季以来，室外气温逐渐降低，室内暖气开始供应，这正是在室内种植大蒜的良好时机，而且大蒜种植周期短，生长变化明显，与小班幼儿的观察特点相适宜，因此，种大蒜的活动便开展起来。

主题活动目标

1.情感目标：乐于参与大蒜的种植活动，体验种植活动的乐趣。

2.知识目标：愿意照料大蒜，初步体验大蒜生长的基本需求；通过观察，发现大蒜较明显的生长变化；愿意尝试用多种方法收获蒜苗。

3.技能目标：愿意和老师一起记录大蒜的生长变化，掌握多种记录方法和收获蒜苗的方法。

活动一：学习照顾大蒜

【活动目标】

1.萌发关爱大蒜的情感，愿意照料大蒜。

53

2.通过照料大蒜，初步体验大蒜生长的基本需求。

【活动重点】

初步了解大蒜生长的条件，如水分、温度等。

【活动准备】

1.经验准备：参与大蒜的种植活动，体验种植的乐趣；与中班教师及幼儿提前联系好参观事宜。

2.物质准备：幼儿自己种植的大蒜。

【活动过程】

一、导入环节

1.以"串门"的情境引出活动主题，引发幼儿的兴趣。

教师：中班的哥哥姐姐也种了大蒜宝宝，我们今天去串门，看看他们的大蒜宝宝长的怎么样了。

2.教师带领小朋友们来到中班，一进门，正前方一片郁郁葱葱的蒜苗。

二、主要环节

1.通过参观，初步了解照料大蒜的方法。

幼儿：哥哥姐姐，蒜宝宝怎样才能长成高高的蒜苗？

幼儿：每天给它浇一次水。

幼儿：得晒太阳。

幼儿：得在暖和的地方。

教师：暖和的地方是什么样的？咱们来摸一摸。

教师引导小朋友们触摸哥哥姐姐放置大蒜的暖气窗台。

幼儿：是热热的。

教师：哦，原来大蒜宝宝长高，需要多喝水，也需要住在暖暖和和的地方，还得晒太阳。

2.小结。

回班后，教师和小朋友一起回忆了照顾蒜宝宝的方法。

教师：哥哥姐姐们说，蒜宝宝需要晒太阳，怎么晒？

幼儿：放到那边，那儿能晒到太阳。（小朋友指着窗台说）

幼儿：外面也有阳光，就像老师带我们出去晒太阳一样。

教师：哥哥姐姐们说，蒜宝宝得在暖和的地方才能长出蒜苗。哪里暖和？

幼儿：暖气上。

幼儿：盖上被子就暖和了。

教师：这也是个好办法，用什么当被子呢？

幼儿：毛巾。

幼儿：袋子。

幼儿：纸巾。

教师：小朋友们帮蒜宝宝找到了可以晒太阳的地方。为了让蒜宝宝暖和，要把蒜宝宝放在暖气窗台上，还可以帮蒜宝宝盖上被子。别忘了，蒜宝宝还喜欢喝水哦！

三、结束环节

支持和鼓励幼儿对大蒜的照料行为。在照料大蒜的过程中，进一步感知大蒜生长所需的基本条件。

【环境创设】

在班级准备大蒜和盆土，引导幼儿一起种植，观察大蒜生长的过程。帮助幼儿用照片的形式记录学习过程以及建构经验，在环境中进一步提升和巩固经验。

【家园共育】

通过微信群建立家园互动平台，让家长了解探究活动的进展，引导孩子进一步了解种植。同时开展种植大蒜的活动，使教育内容、目标同步。

活动二：带着蒜宝宝去晒太阳

【活动目标】

1.愿意照料大蒜。

2.初步感知大蒜生长所需要的条件：阳光。

【活动重点】

在带大蒜宝宝晒太阳的过程中，感受大蒜的生长需要阳光。

【活动准备】

一盆长期放在窗台上的大蒜。

【活动过程】

一、导入环节

回顾上次活动的经验，引发幼儿对本次活动的兴趣。

教师：我们都知道大蒜宝宝喜欢喝水，喜欢暖和的地方，还和小朋友一样喜欢晒太阳。今天天气很暖和，我们带蒜宝宝去晒太阳吧！

二、主要环节

1.在带大蒜宝宝晒太阳的过程中，感受大蒜的生长需要阳光。

在带蒜宝宝晒太阳的过程中，有的小朋友自始至终都把蒜宝宝抱在怀里，有的放在地上后一直守在旁边，还有的围着蒜宝宝唱歌、表演、变魔法，希望蒜宝宝快快长大。

教师：晒太阳是什么感觉？

幼儿：暖和的感觉。

幼儿：很舒服的感觉。

教师：那大蒜宝宝会是什么感觉呢？

幼儿：肯定和我们一样舒服！

2.请幼儿观察那盆长期放在窗台上的大蒜。

教师：大蒜哪一边的叶子长得茂盛？大蒜有没有长歪？

幼儿观察后讨论。教师指出大蒜向阳生长，朝向阳光的一面长得茂盛，引导幼儿初步了解植物的向阳性。

三、结束环节

肯定幼儿对大蒜宝宝的关爱和照顾，进一步激发幼儿照料大蒜的兴趣。

【环境创设】

把几盆大蒜放在窗台上，把另几盆放在室内，过一段时间，引导幼儿观察两组大蒜的不同长势。

【家园共育】

请家长在家里种些大蒜、花草或者蔬菜，带领孩子观察。共同关注孩子获得的经验。

活动三：大蒜宝宝的生长

【活动目标】

1.通过观察，发现大蒜较明显的生长变化。

2.愿意用肢体动作表现大蒜的生长变化。

【活动重点】

能够尝试用动作表现大蒜的生长变化。

【活动准备】

班里种植的大蒜已长出蒜苗。

【活动过程】

一、导入环节

讨论大蒜较明显的生长变化，引发幼儿的兴趣。

在小朋友每天的照料下，大多数的蒜宝宝先后长出了绿绿的芽。

幼儿：太好了，我的蒜苗长出来了。

幼儿：我的蒜苗长得更高。

二、主要环节

1.引导幼儿发现大蒜较明显的生长变化。

教师：是剥了皮的大蒜先长出蒜苗，还是没剥皮的大蒜先长出蒜苗？

幼儿：剥了皮的先长出蒜苗。

幼儿：这个也能，但是要多等等。（指着自己种的一整头蒜说）

教师：是的，一整头蒜种下去，也可以长出蒜苗，只是要多等几天。

幼儿：一瓣一瓣剥了皮的蒜瓣会先长出蒜苗。

教师：头朝上的蒜宝宝和头朝下的蒜宝宝，谁先长出蒜苗？

幼儿：头朝上的先长出来。

幼儿：是的，头朝上的蒜宝宝先长蒜苗，头朝下的后长蒜苗，有的还没长出蒜苗来呢！（一边说一遍比画，模仿大蒜宝宝的生长）

在教师的引导下，小朋友们发现从不同方向、用不同方法种植的大蒜，长出的蒜苗都会向上生长。通过观察，小朋友们发现蒜苗长出的先后顺序，即剥皮的蒜瓣比带皮的蒜瓣先长出蒜苗；单瓣蒜要比整头蒜先长出蒜苗；头朝上的蒜瓣要比头朝下的蒜瓣先长出蒜苗。

2.用肢体动作表达大蒜明显的生长变化。

教师：谁来学一学蒜瓣长出蒜苗的样子？

（一个小朋友双手合十举在头顶上，其他小朋友纷纷模仿）

教师：我看到你们把小手当做蒜苗，蒜苗是朝上长的。一头蒜长出的蒜苗是什么样的？

几个小朋友围在一起，小手高高向上举起。

接下来，小朋友们模仿了躺着种的蒜瓣、埋在土里的蒜瓣长出蒜苗的样子，又模仿了头朝下种还没有长出蒜苗的蒜瓣。在模仿的过程中，小朋友们开心极了。

三、结束环节

肯定幼儿用肢体动作表现大蒜宝宝生长的行为，鼓励幼儿继续对大蒜的生长变化进行观察。

【环境创设】

依据幼儿的年龄特点，使用便于幼儿操作的标签夹的记录方法，进一步帮助幼儿感知大蒜宝宝明显的生长变化，形成初步的记录意识。

【家园共育】

家长引导孩子观察自己家中所种植物的生长变化。肯定孩子照料大蒜宝宝、观察大蒜宝宝生长变化的表现。

活动四：收蒜苗

【活动目标】

愿意尝试收蒜苗，在收的过程中感受快乐的情感。

【活动重点】

能够尝试用剪刀收蒜苗，体验成就感。

【活动准备】

1.经验准备：讨论收蒜苗的方法。

2.物质准备：剪刀。

【活动过程】

一、导入环节

回顾已有经验，引出本次活动。

教师：今天我们终于要收蒜苗了，你们想用什么办法来收蒜苗呢？

幼儿：用剪刀剪。

二、主要环节

尝试用剪刀剪蒜苗，体验收获的喜悦。

1.幼儿尝试剪蒜苗。

有的小朋友两手拿着剪刀，从蒜苗的顶端开始剪，再一点一点向着底部剪；有的小朋友一只手扶着蒜苗，另一只手拿着剪刀从蒜苗的底部开始剪。

2.提问讨论。

教师：老师看到小朋友们剪蒜苗的时候是从不同位置剪的。

幼儿：我是从下面的根儿这儿剪的，瑶瑶是从上面剪的。

教师：从上面剪，剪下来的蒜苗是什么样的？

幼儿：是短短的。

教师：从下面剪，剪下来的蒜苗是什么样的？

幼儿：是长长的。

教师：剪刀从上面剪，剪下的蒜苗是短短的；剪刀从下面剪，就能剪出长长的蒜苗。

3.小结：在收获蒜苗的过程中，幼儿分别使用了拽蒜苗、掐蒜苗、剪蒜苗三种不同的方法。我们很直观地就能看到并感受到孩子们自己种、自己养、自己收获并食用蒜苗的那种专注、认真和喜悦。

三、结束环节

教师帮助幼儿梳理并提升经验，为下一次收获蒜苗做准备。

【环境创设】

在环境区投放尺子、成长记录卡等，帮助小朋友进一步感知蒜苗的生长变化，并尝试在教师的帮助下做记录。

【家园共育】

与家长沟通，请家长配合教育，在家里开展收蒜苗、食用蒜苗的活动。

主题活动总结

1.小班幼儿有明显的模仿心理，愿意模仿教师的言行。在自然角探究活动中，可以充分利用幼儿的这一心理特点，以教师热爱植物、照料植物的言行举止来吸引幼儿的注意和模仿，从而也热爱植物、照料植物。

2.在自然角探究活动中，体验环节很重要。尤其是小班幼儿，对事物的认识停留在表面，需要实际操作才能加深感知和理解，如对于哥哥姐姐说的蒜苗生长需要水、阳光和温度，需要真正落实到给蒜宝宝浇水、帮蒜宝宝找温暖的地方、带蒜宝宝晒太阳等行动上，加深体验和理解。

3.自然角探究活动让幼儿在种植、照料、收获、食用中感受完整过程，体验从种植到收获的成就感，从而激发幼儿对种植活动的兴趣。

主题活动点评

1.活动目标及内容与幼儿的年龄特点相适宜。

2.教师注重通过多种方式激发幼儿关爱植物、探究植物生长的兴趣，如教师利用幼儿爱模仿的年龄特点，用自身的言行激发幼儿照料植物生长的兴趣。

3.通过参与式的活动，如带大蒜宝宝晒太阳，引导幼儿感知和体验阳光是大蒜生长的基本需求。

4.能够充分挖掘和利用家庭资源，家园同步开展种植大蒜的活动，使幼儿获取更为丰富、全面和立体的感知经验。

5.幼儿在种植大蒜、照料大蒜生长、发现大蒜明显的生长变化以及收获和食用蒜苗的过程中，经历和感知了大蒜生长的完整周期，并感受到收获的喜悦，从中也初步体验了植物与人们生活的关系。

教师：任丽静

主题活动五：有趣的声音

主题活动由来

声音与小班幼儿的生活息息相关。听觉是幼儿感知外界的重要途径，当孩子听到有趣的、奇怪的声音时总会好奇地问："这是什么声音？"小班幼儿认真倾听同伴或他人说话的习惯尚未养成，但逐渐开始关注身边发生的事情，尤其对自己听到的有趣的声音十分好奇。为了培养幼儿科学探索及听辨声音的能力，我们开展了主题活动"有趣的声音"，创设了以声音为主题脉络的学习情境，让幼儿在听一听、找一找中发现声音的不同，进而感知并制造声音。

主题活动目标

1. 情感目标：通过探究主题活动"有趣的声音"，在探究活动中体验快乐的情感。

2. 知识目标：通过多种方式在玩中感知声音的产生。

3. 技能目标：了解不同声音的特性及玩法，培养观察、操作、表达等能力，初步提升发现问题与解决问题的能力。

活动一：好玩的玩具

【活动目标】

1. 探索不同的玩具是怎样发出声音的。

2. 培养发现问题、解决问题的能力。

【活动重点】

探索不同玩具发出声音的原因，想办法找出其发出声音的原因并进行分类。

【活动准备】

1. 经验准备：玩过很多能发声的玩具。

2. 物质准备：许多会发声的玩具、主题展示板。

【活动过程】

一、导入环节

区域游戏时，孩子们兴高采烈地交流自己带来的玩具，教师趁机抓住幼儿的兴趣点引出活动。

二、主要环节

1. 介绍玩具。

幼儿：这是我带来的小汽车。

幼儿：这是我带来的机器人。

幼儿：这是我带来的小猫。

幼儿：这是我带来的摇铃。

2.提问与交流。

教师：你们的玩具是怎样发出好听的声音的？

幼儿：拨一下开关，我的机器人就会说话。

幼儿：往前一推，我的小汽车就能发出声音。

幼儿：我带来的小猫，一碰它的肚子就出声。

幼儿：我的小铃一摇就出声。

小结：你们的玩具能够发出这么多好听的声音，真好玩。

3.操作与分类。

教师：请小朋友给这些能发出声音的玩具分分类吧，应该怎样分类呢？

幼儿：把挤压能发出声音的玩具放在一起。

幼儿：把通过吹气能发出声音的玩具放在一起。

……

4.探讨玩具发声的方法。

幼儿通过交流找出玩具发声的方法。

三、结束环节

1.教师小结。

有些玩具是通过挤压发出声音的，有些玩具是通过吹气发出声音的，有些玩具要推动后才能发出声音，有些玩具是在旋转中发出声音，有些玩具必须装上电池才能发出声音。

2.请幼儿根据玩具发出声音的方法对玩具进行分类。

【环境创设】

教师把幼儿玩玩具的过程抓拍下来，利用电视屏幕让幼儿观看，并和幼儿一起布置主题墙，调动更多的幼儿参与活动。

【家园共育】

请家长关注家园栏，了解主题活动的进展，回家和孩子一起继续探索。

活动二：有趣的传声筒（一）

【活动目标】

1.通过操作材料，感知空心传声筒传出的声音大，被报纸团堵住的传声筒传出的声音小。

2.培养听觉辨别能力，对探索音量感兴趣。

【活动重点】

1.感知两种传声筒传出的声音大小不同。

2.通过实验体验两种传声筒传出音量的区别。

【活动准备】

1.经验准备：玩过悄悄话的游戏。

2.物质准备：每组各一个空心传声筒和被报纸团塞住的传声筒。

【活动过程】

一、导入环节

出示传声筒，让幼儿初步感受传声筒发出的声音。

二、主要环节

1.出示塞满报纸团的传声筒和空心的传声筒，请幼儿仔细观察。

教师：这两个传声筒有什么不一样？

幼儿：一个里面是空的，一个里面有东西。

教师：小朋友们观察得很仔细，一个里面塞了东西，是实心的；一个里面什么都没有，是空心的。

2.猜一猜、想一想。

教师：空心的传声筒和实心的传声筒传出的声音一样吗？哪里不一样？

幼儿：不一样，一个声音大，一个声音小，因为一个里面有东西堵着，声音就小，一个里面没有东西，声音就大。

教师：是空心传声筒传出的声音大，还是实心传声筒传出的声音大？

幼儿：空心传声筒的声音大。

教师：大家都觉得空心传声筒发出的声音大，实心传声筒发出的声音小，那我们来实验一下。

3.“悄悄话”游戏。

幼儿分组玩“悄悄话”游戏。两个幼儿一组，分别站到传声筒的两边，一个幼儿将嘴巴贴近传声筒的一头，轻轻地说一种小动物的名字，另一个幼儿听。

重点提示：要轻声说话，否则会伤害小朋友的耳朵。

请实验结束的幼儿说出实验结果：你听到哪个传声筒传出的声音大，就站到哪个传声筒旁边。

三、结束环节

小结：你们听得很仔细，空心传声筒传出的声音大，因为空心筒是空的，声音不会被堵住；实心传声筒传出的声音小，因为纸团堵住了传出来的声音。

四、活动延伸

将活动材料投放到活动区让幼儿继续探索。

【环境创设】

教师和幼儿利用空心及实心传声筒一起游戏并做比较，把孩子的发现和实验结果展示到主题墙上。

【家园共育】

家长在家可以和孩子一起玩"悄悄话"的游戏，继续感知空心和实心传声筒的不同。

活动三：有趣的传声筒（二）

【活动目标】

1.感知长、短、粗、细四种不同传声筒传出的声音。

2.培养听觉辨别能力，对探索音量感兴趣。

【活动重点】

1.感知四种传声筒传出的声音大小不同。

2.通过实验体会四种传声筒传出音量的区别。

【活动准备】

1.经验准备：玩过空心、实心传声筒。

2.物质准备：空心传声筒，被报纸团塞住的传声筒，粗、细、长、短传声筒。

【活动过程】

一、导入环节

教师出示空心及实心传声筒，和幼儿玩打电话的游戏，帮助幼儿巩固已有经验。

二、主要环节

1.猜一猜、想一想。

教师：出示粗、细、长、短4种传声筒，请幼儿猜一猜它们发出的声音一样吗？

2.听一听、试一试。

幼儿玩打电话的游戏，发现不同的传声筒发出的声音不同。

教师：空心、实心传声筒传出的声音一样吗？可以怎么记录？

幼儿：声音不一样，可以画下来。

幼儿：画一个传声筒，里面堵着东西表示实心，再画一个里面是空的传声筒，表示空心。

幼儿：声音大就画长线，声音小就画短线。

教师：粗、细传声筒传出的声音一样吗？可以怎么记录？

教师：长、短传声筒传出的声音一样吗？可以怎么记录？

三、结束环节

1.幼儿用传声筒玩游戏。

2.教师小结。

【环境创设】

之前做过空心、实心传声筒的比较，继续做粗和细、长和短的比较，并让幼儿用自己的方式记录下来，展示到主题墙上。

【家园共育】

家长教给孩子一些简单的记录方法，让孩子自己记录。

活动四：会"唱歌"的吸管

【活动目标】

知道让吸管发出声音的方法，大胆运用多种方法进行实验。

【活动重点】

知道让吸管发出声音的不同方法。

【活动准备】

1.经验准备：有玩吸管的经验。

2.物质准备：吸管、排箫架、记录表。

【活动过程】

一、导入环节

讨论：生活中的吸管是做什么用的呢？你知道吸管可以发出声音吗？

二、主要环节

1.认识与感知声音。

提问：数一数一共取出几根吸管，吸管有什么不一样？请把它们排好队。

幼儿：5根吸管，不一样长。

教师：你用了什么方法让吸管发出声音？

幼儿：我用嘴吹的。

幼儿：我用手弹，吸管也能发出声音。

教师：小朋友想了这么多办法都能使吸管发出声音，而且每一种方法发出的声音都不一样。

2.组装吸管。

按长短顺序排列吸管，并组装到排箫架上。

鼓励幼儿尝试吹吸管，发现长短不一样的吸管发出的声音不同，进一步引导幼儿发现短的吸管发出的声调低，长的吸管发出的声调高。

（1）幼儿演奏排箫。

（2）幼儿看图记录。

引导幼儿看一看两幅图中的吸管有什么不一样？哪些吸管可以吹出不一样的声音，把它圈起来。

（3）幼儿进行分享。

教师：为什么我们的吸管可以吹出不一样的声音？

幼儿：因为长短不一样。

教师：因为吸管的长短不一样，把吸管按照由短到长的顺序排列起来，就像歌谱里的音阶，能够发出不一样的声音。

三、结束环节

小结：今天我们发现吸管有很多用途，除了可以帮助我们喝水，还可以发出声音。我们再找一找身边有什么东西可以发出声音。

【环境创设】

把孩子的实验过程展示到主题墙上。

【家园共育】

家长在家和孩子一起用长短不同的吸管制作会唱歌的吸管。

活动五：小鼓响咚咚——制作小鼓

【活动目标】

1.初步了解振动可以产生声音，感知自制声音的乐趣。

2.培养动手操作能力，激发对声音的探究欲望。

【活动难点】

鼓面的安装。

【活动准备】

1.经验准备：玩过小鼓。

2.物质准备：硬纸筒、胶棒、彩纸、皮筋、双面胶、气球、鼓槌、塑料纸、手偶。

【活动过程】

一、导入环节

教师在幕布后面敲鼓后，出示手偶小兔子，引发幼儿的好奇心与探索欲望。

二、主要环节

1.感知声音。

教师：谁来猜一猜盒子里都有什么？你们听到了什么声音？（教师在盒子里摇小铃铛、小鼓、撞钟，让其发出声音，引发小朋友的探究兴趣）

2.介绍制作小鼓的过程。

先将彩纸完整地贴在硬纸筒上，将气球撑开放在硬纸筒口处。将塑料纸用皮筋固定在硬纸筒的另一筒口处，完成后用鼓槌敲击小鼓。

3.制作小鼓。

幼儿：我的鼓面破了？

教师：谁告诉他应该怎样做呢？

幼儿：制作时要轻轻粘鼓面，要不鼓面会破的。

幼儿：鼓面粘不好。

幼儿：我教你，先粘一边，再粘对面。

4.玩鼓。

（1）边玩边交流。

幼儿：老师，我的鼓声没有他的好听。

教师：你们看一看两个鼓有什么不同？

幼儿：我的鼓面破了，他的鼓面没有破。

教师：你们找一找两个鼓还有什么地方不一样？

幼儿：他的鼓面不平，旁边漏气了。

（2）讨论小鼓是怎么发出声音的。

教师：你们能说一说它是怎样发出声音的吗？你的小手是怎样帮助它发出声音的？

幼儿：用手敲击小鼓。

小结：通过手打鼓面，振动发出声音。

三、结束环节

1.教师：我们一起拍一拍小鼓的鼓面，看看小鼓有没有振动？振动之后你就听到了什么？

小结：我们听到的声音是通过振动产生的，就像我们敲小鼓后才能听到声音一样。

2.教师出示由塑料和气球两种鼓面制成的小鼓，请幼儿操作并感受声音的不同。

【环境创设】

把活动材料和活动过程用照片的形式展示到主题墙上，方便幼儿在活动区游戏时观看学习。

【家园共育】

家长和孩子一起再次组装小鼓，感知声音是怎样产生的。

主题活动总结

小班幼儿的认识活动往往基于自己的行动与情绪，无意注意占优势，注意持续时间不长，当幼儿听到声音后，他们能好奇地去寻找与观察，但当看到事物后，他们就没有继续深入探究的欲望，注意力又转移到其他地方了。根据幼儿这一特点，在进行"好听的声音"主题时，引导幼儿关注身边的声音，充分利用身边的各种声音资源，让孩子感受辨别各种声音，了解声音的产生、传播。通过有趣的声音游戏，引发幼儿关注周围人与事物的兴趣，初步培养幼儿良好的倾听习惯。在活动过程中，孩子们积极主动探索，通过"玩""动""学"，充分体验声音带给他们的快乐。

创编快板书：

小快板、说一说，"有趣的声音"趣事多。

嘿嘿！"会跳舞的小动物"最有趣，

敲敲鼓面咚咚响，小动物跳来又跳去。

小鼓住在红房里，唱起歌来最响亮；

小铃住在黄房里，说起话来声音小；

圆舞板住在绿房里，声音清脆很好听。

嘿嘿！我来告诉你：

软软的东西放进去，嘿嘿！不会出声音；

硬硬的东西放进去，唱出的歌呀全不同。

各种玩具本领大，个个全部会出声。

气声玩具，一吹一捏呜呜叫；

电池玩具放上电池，又唱又跳真热闹；

小汽车，向前一推呼呼跑；

小铃一摇，哇啦哇啦像鸟叫；

小响板，一碰一碰像放鞭炮。

我们还会做小鼓，怎样让小鼓的声音最好听？

告诉你：鼓面一定要贴紧，漏气的小鼓不好听。

声音游戏最好玩，丰富有趣我们爱。

小动物的叫声各不同，看谁分辨得对又快。

传声玩具真神秘，小朋友们比一比，

哪个声音传得快，哪个声音传得远，新奇有趣人人爱。

主题活动点评

教师的引领比较灵活，首先，每个活动能抓住幼儿的兴趣点，能比较有效地介入，运用拟人化的语言提问和故事、游戏相结合的方法来调动幼儿参与活动的欲望，并给幼儿充分交流的空间。其次，对幼儿进一步提出要求，让幼儿自己寻找材料，调动了幼儿自己制作小鼓的积极性。还运用同伴合作和同伴引领等方法，让幼儿边交流边制作。教师能针对不同的幼儿进行介入引导，让幼儿自己发现问题，并运用间接迁移的方法引导幼儿找到解决问题的办法，进一步调动了幼儿探索的积极性。又运用同伴引领的方式鼓励幼儿多次实验，自己找到解决问题的办法，提高了幼儿主动探索的积极性。教师能有针对性地观察、投放材料，从而有目的性地找到幼儿的兴趣点。最后，教师运用快板书的形式进行总结，让幼儿在玩中就能领会，更好地调动幼儿探索的热情，达到预期的效果。

教师：李娟 余青

主题活动六：蛋宝宝

主题活动由来

在日常生活中，幼儿能经常接触到"蛋"，无论是吃鸡蛋、鸭蛋、鹌鹑蛋，还是在电视中看到的有关蛋的内容。但小班幼儿毕竟生活经验少，对"蛋"的了解不多。一天，教师给小朋友讲了一个《小蛋壳历险记》的故事，幼儿非常感兴趣。故事讲完后，教师问："小老鼠找到的蛋壳是什么蛋呢？"小朋友异口同声地说："鸡蛋。"教师问："你怎么知道是鸡蛋呢？除了鸡蛋还有什么蛋呢？"在幼儿兴趣的基础上，通过游戏引发幼儿探究的愿望，由此我们开展了"蛋宝宝"的主题活动。

主题活动目标

1. 情感目标：对各种"蛋"感兴趣，并能仔细观察，发现其明显特征。

2. 知识目标：运用多种感官探索蛋，积极动手动脑寻找问题的答案。

3. 技能目标：能够借助辅助材料让鸡蛋立起来；会区分生熟蛋；掌握剥鸡蛋的方法。

活动一：帮蛋宝宝找家

【活动目标】

1. 通过游戏帮蛋宝宝找家并进行匹配。

2. 愿意玩游戏并进行探索活动。

【活动重点】

帮助蛋宝宝与小动物进行匹配。

【活动准备】

1. 经验准备：认识生活中常见的蛋宝宝。

2. 物质准备：鸡蛋、小鸡、鹌鹑蛋、鹌鹑、鸭蛋、鸭子、乌龟蛋、乌龟、鹅蛋、鹅的图片，转盘，迷宫图。

【活动过程】

一、导入环节

教师：今天老师给小朋友们带来一个好玩的转盘，转动转盘会发生什么变化呢？小朋友想不想试一试？

通过提问引导幼儿观察转盘，激发幼儿参与活动的兴趣。

二、主要环节

1. 帮蛋宝宝找妈妈。

教师：转盘上的小动物找不到妈妈了，请你帮帮蛋宝宝。

介绍游戏：小朋友转动转盘，转盘转动停下来后，请小朋友帮助指针指到的蛋宝宝找妈妈。

教师：你是怎么帮蛋宝宝找到妈妈的？

幼儿：鹅蛋宝宝的妈妈是大白鹅，我就帮它找鹅妈妈。

幼儿：鸡蛋宝宝的妈妈就是母鸡，我知道母鸡的样子。

幼儿：我吃过鹌鹑蛋，蛋壳上有花纹，鹌鹑蛋特别小，鹌鹑也小小的。

教师：小朋友用自己的办法帮蛋宝宝找到了妈妈，蛋宝宝特别开心，蛋宝宝的妈妈也特别开心。

2.帮蛋宝宝找家——走迷宫。

教师：蛋宝宝们迷路了，找不到回家的路了，你能帮它们找到回家的路吗？

通过情境激发幼儿参与活动的兴趣。

教师：这里有很多条路，蛋宝宝找不到哪条路是回家的路，小朋友试一试，看看能不能帮蛋宝宝找到家。

教师：你是用什么方法帮助蛋宝宝找到家的？

幼儿：这里有很多条路，我是一条一条地试的。

教师：在帮蛋宝宝找家的时候，你遇到了什么问题？你是怎么做的？

幼儿：我有几次走错了路线，后来又从起点重新走的。

幼儿：这里的路很多，容易走错，我就用手指着路线走。

幼儿：我是先找到了鸡妈妈，顺着鸡妈妈面前的路去找的蛋宝宝。

教师：小朋友真能干，这么多条路，你们把蛋宝宝一个一个地送回了家，你们太厉害了。

三、结束环节

教师：回家告诉爸爸妈妈你今天是怎么帮助蛋宝宝找到家的。

【环境创设】

将活动材料投放在科学区供幼儿继续探究。

【家园共育】

1.家长协助孩子找各种动物以及生活中常见的蛋的图片，让孩子带到幼儿园进行观察。

2.用多种游戏继续开展帮助蛋宝宝找家的游戏。

活动二：让蛋宝宝站起来

【活动目标】

1.能够尝试借助辅助材料寻找让鸡蛋立住的方法。

2.在活动中能积极参与探索活动，体验发现与成功的乐趣。

【活动重点】

引导幼儿找到让蛋宝宝立住的方法。

【活动准备】

1.经验准备：幼儿已经了解鸡蛋在一般情况下是立不住的。

2.物质准备：

（1）每人一个熟鸡蛋，并把鸡蛋画好五官做成蛋宝宝。

（2）一个小筐、照相机、投影仪。

（3）各种辅助材料：瓶盖、纸筒、塑料花片、盘子、圆卡纸、积木、沙包、旧手帕、皱纹纸、橡皮泥、瓶子等。

【活动过程】

一、导入环节

教师出示一筐煮熟的鸡蛋，引发幼儿的兴趣。

教师：小朋友，今天蛋宝宝来到我们班要和我们做朋友。蛋宝宝每天躺着都躺累了，它也想像我们一样能站起来。可是蛋宝宝能站起来吗？

幼儿：不能。

教师：为什么蛋宝宝不能像小朋友一样站得很直呢？

二、主要环节

1. 引导幼儿讨论：用什么方法可以让蛋宝宝立起来呢？

教师：蛋宝宝想让小朋友帮助它站起来，你们愿意帮助蛋宝宝吗？

2. 引导幼儿寻找材料进行操作实验。（操作中，配班老师对每个幼儿的方法进行拍照）

教师：小朋友都特别聪明，知道一些材料可以帮助蛋宝宝站起来。接下来请小朋友在教室里找一找有什么材料是蛋宝宝的朋友，能让蛋宝宝站起来。

教师：你找到的材料是蛋宝宝的好朋友吗？用什么方法让它站起来的呀？

幼儿：我用两个积木夹住蛋宝宝，这样蛋宝宝就站起来了。

幼儿：我找了一个纸筒，把蛋宝宝放上去，它就站起来了。

幼儿：我看到胶条是圆的，把鸡蛋放在里面就可以了。

三、结束环节

1. 分享交流：让幼儿观看大屏幕，教师把幼儿的方法记录在统计表上。引导幼儿观察其他小朋友是用什么方法让蛋宝宝站起来的。

2. 梳理总结。

教师：小朋友们都很爱动脑筋，想出许多让蛋宝宝站起来的方法，有放进洞洞里卡住的，有靠在别的东西边上的，有用东西夹住蛋宝宝的，蛋宝宝可高兴了。蛋宝宝说还有许多方法能让它站起来呢，我们以后再帮助蛋宝宝吧。

四、活动延伸

教师：小朋友在教室里找到了这么多让蛋宝宝站起来的材料和方法，请你们再去家里找一找，还有什么材料能让蛋宝宝站起来吧。

【环境创设】

将探究过程拍照或鼓励幼儿用绘画的形式记录下来，展示在主题墙上。

【家园共育】

和爸爸妈妈一起找一找家里能让蛋宝宝站起来的材料，带到幼儿园和小朋友一起分享。

活动三：区分生熟蛋

【活动目标】

1.在操作过程中思考并尝试区分生熟鸡蛋的方法。

2.对区分生熟鸡蛋的活动感兴趣。

【活动重点】

探索区分生熟鸡蛋的方法。

【活动准备】

1.经验准备：见过生鸡蛋和熟鸡蛋。

2.物质准备：生鸡蛋、熟鸡蛋。

【活动过程】

一、导入环节

教师：今天老师给小朋友带来两组蛋宝宝，我把它们放在桌子上。一组是红点点的蛋宝宝，一组是绿点点的蛋宝宝。它们是不一样的，一组是生的，一组是熟的。可是我们不知道哪组是生的，哪组是熟的，怎么办呢？

幼儿：打开就知道了。

幼儿：那生鸡蛋就破了。

幼儿：蛋宝宝该疼啦。

二、主要环节

1.引导幼儿用旋转的方法区分生熟鸡蛋。

教师：我们把两个鸡蛋分别旋转一下，请小朋友观察它们转动的速度和方式一样吗？

总结：能够旋转一会儿并慢慢停下来的是熟鸡蛋，因为里面是固体；旋转一下就停下，倒在桌子上的是生鸡蛋，因为里面是液体，不容易保持平衡。

2.用互相磕碰的方法区分生熟鸡蛋。

教师：还有别的方法可以区分生鸡蛋和熟鸡蛋吗？

幼儿：两个蛋互相碰一碰，可以知道哪一个是生鸡蛋，哪一个是熟鸡蛋。

教师肯定幼儿的想法，请小朋友试一试。

3.用光照的方法区分生熟鸡蛋。

在灯光下照射鸡蛋，生鸡蛋会呈现出透明状。

三、结束环节

教师：刚才小朋友又试了一种方法，让两个鸡蛋互相一磕，一个马上就裂皮了，另一个是完整的。用旋转的方法，转得时间长的是熟鸡蛋，转得时间短的是生鸡蛋。用光照的方式区分，生鸡蛋会呈现透明状。

四、活动延伸

继续探究可以区分生熟鸡蛋的方法。

【环境创设】

在美工区，请幼儿画一画各种状态的鸡蛋，如煎蛋、水煮蛋、刚倒出的蛋液等，了解鸡蛋的构造。

【家园共育】

家长带孩子一起玩区分生熟蛋的游戏。

活动四：怎样保护蛋宝宝

【活动目标】

1.在活动中尝试使用各种方法保护鸡蛋。

2.能够在探索中体验快乐的情绪。

【活动重点】

尝试使用各种辅助材料保护鸡蛋，不让鸡蛋磕破。

【活动准备】

1.经验准备：知道鸡蛋皮薄、易碎。

2.物质准备：每人一个熟鸡蛋。

【活动过程】

一、导入环节

教师：小熊的超市里需要鸡蛋，可是小熊的超市门前正在修路，运鸡蛋的车开不过去，小熊想请小朋友帮助它把鸡蛋送到超市。每个小朋友拿一个鸡蛋，帮小熊把鸡蛋送到超市。在送鸡蛋的过程中，小朋友要保护好鸡蛋，不要把鸡蛋磕破，要不然小熊会很伤心的。看一看谁能保护好鸡蛋，看看谁的方法最好。

二、主要环节

提问：你用什么方法保护鸡蛋？

幼儿：我把鸡蛋放兜里，不让别人碰到。

幼儿：我把手伸进兜里，用手握着鸡蛋，这样就不容易磕破。

幼儿：我走到有桌子和柜子的地方时，就离它们远一些，这样鸡蛋就不容易磕破了。

幼儿：我可以把鸡蛋包在纸里，这样放兜里也不容易磕破。

教师：为什么要往兜里塞纸？

幼儿：因为纸比较软，用纸包住鸡蛋能够保护鸡蛋。

教师：找一找我们班里有什么东西可以帮助我们保护鸡蛋？

幼儿再次进行操作。

三、结束环节

1.分享交流，引导幼儿观察并比较保护鸡蛋的方法。

2.梳理总结。

教师：今天小朋友用很多方法保护鸡蛋，把鸡蛋完完整整地送到超市，没有一个小朋友的鸡蛋磕破，你们太棒了。

小朋友知道用软的东西包裹鸡蛋可以起到保护的作用。用杯子、筐来装鸡蛋，这些方法也都很不错。请你们再去找一找，教室里还有什么材料能够保护鸡蛋。

【家园共育】

回家帮助爸爸妈妈拿鸡蛋，你是怎么做的？将好的方法与大家分享。

活动五：怎样剥鸡蛋

【活动目标】

1.尝试用各种办法剥鸡蛋。

2.对剥鸡蛋的探索活动感兴趣。

【活动重点】

借助身边的物品把鸡蛋皮磕碎。

【活动准备】

1.经验准备：认识鸡蛋。

2.物质准备：煮熟的鸡蛋。

【活动过程】

一、导入环节

教师：老师这里有个煮熟的鸡蛋，可是我怎么也剥不开，请小朋友们帮我把鸡蛋剥开。

提问：用什么方法把煮熟的鸡蛋壳弄碎？

通过提问激发幼儿参与活动的兴趣，引导幼儿想出剥鸡蛋的办法。

二、主要环节

教师：请小朋友试一试，我们的教室里有什么地方可以磕鸡蛋？

幼儿尝试使用各种方法剥鸡蛋。

三、结束环节

教师：小朋友用各种各样的办法都剥开了鸡蛋，小朋友快尝一尝自己剥开的鸡蛋吃起来香不香。以后吃鸡蛋的时候，小朋友都可以用我们尝试的方法，自己给自己剥鸡蛋吃了。

四、活动延伸

用探索的方法回家剥鸡蛋给爸爸妈妈吃，锻炼幼儿的动手能力。

【环境创设】

用图片的形式将剥开鸡蛋的过程展示出来。

【家园共育】

为了增强孩子的探索兴趣，锻炼孩子剥鸡蛋的动手能力，家长在家逐步培养孩子尝试用各种方法剥鸡蛋，并将剥鸡蛋方法的图片分享给其他家长，教师与家长、家长与家长资源共享、互相学习，丰富育儿经验。

主题活动总结

蛋是幼儿既熟悉又陌生的东西，教师通过引导幼儿观察、探究，使幼儿对蛋有了更深入的了解。从认知上对蛋宝宝有更多的认识与了解，对蛋宝宝的探究更加感兴趣；从动手能力上，每次吃鹌鹑蛋时都自己主动剥，不再寻求老师的帮助；在生活中，幼儿学会了关心照顾周围的人和事物，更有爱心和责任心。

主题活动点评

这一主题活动贴近幼儿的生活，符合幼儿年龄特点；蛋宝宝这个拟人化的名字特别符合小班幼儿的年龄特点，受到孩子们的喜爱。教师在生活中帮助幼儿积累有益的直接经验和感性认识，如帮蛋宝宝找家、保护蛋宝宝等；在游戏中通过多种感官的运用激发幼儿的探究意识，如怎样让蛋宝宝站起来、怎样剥鸡蛋等。家长的参与能使幼儿进一步加深对"蛋"的感知，增进亲子情感。同时，教师注重引导幼儿在探索、验证的基础上，大胆表达自己的想法，教师对每个幼儿的探究过程及时给予肯定，使得小班幼儿体会到被关注与被尊重，从而建立起自信。

教师：马蕾蕾　卫　蕾

主题活动七：可爱的小乌龟

主题活动由来

小班幼儿对周围事物充满了浓厚的兴趣，他们的探索主要是通过看、听、摸等操作活动来进行，属于直觉行动思维。在语言表达方面相对较差，不能完整、清晰地表达自己的操作和发现。

本学期，班级自然角里新增了小乌龟，吸引了孩子们的眼球，他们喜欢看，并问各种问题，如"乌龟吃东西吗？""乌龟有嘴巴吗？""乌龟的壳为什么是硬的呀？"亲近小动物、喜爱自然，这是唤起孩子"自然之心"的必由之路。于是，结合幼儿的兴趣和年龄特点，开展"可爱的小乌龟"主题活动，带幼儿逐步踏上了解、亲近小动物的旅程。

主题活动目标

1.情感目标：喜欢参与照顾小乌龟的活动，产生关爱小乌龟的情感；通过观察，知道小乌龟的基本外形特征。

2.知识目标：了解小乌龟各部位的作用，如嘴巴吃东西，壳有保护作用等；知道小乌龟生存的基本需要，如水、空气、食物等。

3.技能目标：掌握照料小乌龟的方法。

活动一：小乌龟的样子

【活动目标】

1.通过观察，了解小乌龟的基本外形特征。

2.知道小乌龟的壳具有保护作用。

【活动重点】

了解小乌龟的外形特征。

【活动难点】

能够用自己的方式表达小乌龟的特征。

【活动准备】

1.经验准备：知道乌龟是爬行动物。

2.物质准备：小乌龟、放大镜。

【活动过程】

一、导入环节

教师出示小乌龟，激发幼儿参与活动的兴趣。

教师：小朋友们，今天我们一起来认识一下我们的新朋友——小乌龟，看一看它长的什么样？

二、主要环节

幼儿通过分组观察，了解小乌龟的外形特征。

1.看看小乌龟（图19）。

图19

教师：你们看仔细了吗？小乌龟是什么样的？

幼儿：小乌龟的头是圆圆的。

教师：小乌龟有几只眼睛呢？分别长在什么地方？

幼儿：有两只眼睛，长在头的两边。

教师：乌龟有几条腿？

幼儿：四条腿。

教师：乌龟有尾巴吗？它的尾巴长的什么样？

幼儿：乌龟有尾巴，它的尾巴又细又短。

幼儿：乌龟的背上还有一个壳。

教师：小乌龟有没有鼻子，在哪里呢？

幼儿：它的鼻子小小的。

一位小朋友跑到工具箱里拿了一个放大镜。

幼儿：用放大镜看，小乌龟的鼻孔就变大了。

幼儿：我也看到啦！小小的鼻子。

2.摸摸小乌龟（图20）。

教师：我们把小乌龟请出来，摸一摸它好不好？

幼儿：它的壳硬硬的。

幼儿：它的腿和脑袋软软的。

孩子们对乌龟的壳很感兴趣，总想摸一摸，各种问题接踵而来……

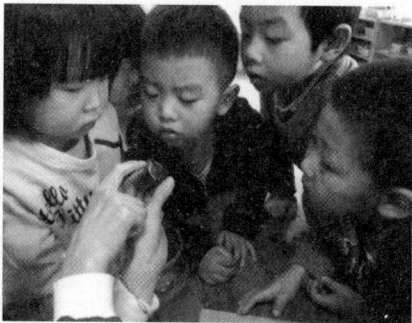

图20

图21

幼儿：小乌龟的壳上有很多裂纹（图21）。

幼儿：壳上有许多个小格子。

幼儿：小乌龟的壳大大的，像个大锅盖。

幼儿：小乌龟的壳不光滑，有点扎手。

教师：你们知道小乌龟背上硬硬的壳有什么作用吗？

幼儿：可以保护小乌龟。

幼儿：可以帮助它挡大石头。

三、结束环节

梳理经验。

【环境创设】

幼儿将观察到的小乌龟的样子通过绘画进行表现，并进行墙面装饰。

【家园共育】

家长和孩子一起读一些有关小乌龟的书籍，更多地了解小乌龟。

活动二：小乌龟喜欢吃什么

【活动目标】

1. 了解小乌龟喜欢吃的食物。

2. 愿意参与照料小乌龟的活动。

【活动重点】

了解小乌龟的饮食。

【活动难点】

能够用合适的食量来喂养小乌龟。

【活动准备】

1.经验准备：观察过小乌龟，对小乌龟有初步的认识。

2.物质准备：小乌龟、准备好的食物。

【活动过程】

一、导入环节

教师：小朋友们，我们吃过早饭了，小乌龟吃早饭了吗？

幼儿：我去给小乌龟送早餐。

教师：小乌龟喜欢吃什么呢？

幼儿：小乌龟可能爱吃大米饭。

幼儿：小乌龟喜欢吃香肠。

......

二、主要环节

通过实验验证猜想。

根据大家查找的资料，教师引领小朋友收集了饼干、大米、小虾、龟粮、香肠等几种食物进行实验（图22～图25）。

图22

图23

图24

图25

三、结束环节

教师：小乌龟喜欢吃哪些食物？

幼儿：喜欢吃小虾。

幼儿：喜欢吃龟粮。

幼儿：喜欢吃肉。

教师：小乌龟喜欢吃肉、小虾、乌龟食等，但它偶尔也吃一些其他食物，小乌龟是一种杂食动物。

【环境创设】

制作小乌龟喂食记录表，避免重复喂食。

【家园共育】

和家长沟通主题活动内容的开展情况，引导家长观察孩子在家是否能用正确的方法照料小乌龟。

活动三：小乌龟睡觉吗

【活动目标】

1. 知道小乌龟也睡觉，了解小乌龟睡觉的方式。

2. 能够用自己的语言描述小乌龟睡觉的样子。

【活动重点】

知道小乌龟也是要睡觉的。

【活动难点】

了解小乌龟的多种睡觉方式。

【活动准备】

1. 经验准备：初步了解了小乌龟的生活习性。

2. 物质准备：小乌龟、放大镜。

【活动过程】

一、导入环节

在区域活动时，轩轩在自然角看到小乌龟一动不动了，就跑过来说：老师，小乌龟为什么不动了呢？

小朋友们纷纷跑过去观察。

二、主要环节

讨论小乌龟不动的原因。

教师：今天老师交给你们一个小任务，回家和爸爸妈妈一起查找资料，看看小乌龟是不是真的在睡觉？

第二天，孩子们带来了和父母一起搜集的资料，绘声绘色地讲给大家。

幼儿：小乌龟睡觉的时候，有时候会缩进壳里，有时候会在外面。

幼儿：小乌龟睡觉的时候没有声音。

幼儿：小乌龟睡觉时，有时露一条腿，有时会都缩进壳里。

幼儿：小乌龟睡觉的时候，眼睛会眯起来。

三、结束环节

教师：小朋友通过观察，知道小乌龟也是要睡觉的，它们的睡觉方式也是多种多样的。

【环境创设】

请小朋友整理搜集到的资料，有的小朋友还绘制了图画，将其展示在主题墙面上。

【家园共育】

家长和孩子一起搜集小乌龟睡觉的资料并进行交流。

活动四：小乌龟是怎么翻身的

【活动目标】

1.了解小乌龟翻身的方法。

2.在日常照料中，知道要爱护小乌龟。

【活动重点】

知道小乌龟是可以自己翻身的。

【活动准备】

1.经验准备：初步了解小乌龟的照料方法。

2.物质准备：小乌龟翻身视频。

【活动过程】

一、导入环节

教师：小朋友，你们知道小乌龟是怎么翻身的吗？

幼儿：需要我们帮助它翻过来。

教师：小乌龟会自己翻身吗？

二、主要环节

通过观看视频，知道小乌龟可以自行翻身，并了解翻身的过程和方法。

教师：小乌龟是怎么翻过去的？需要我们帮忙吗？

幼儿：小乌龟自己就翻过去了，不需要我们帮忙。

教师：我们再来看一次，仔细观察小乌龟翻身的时候用的是身体的哪些部位，是怎么翻身的。（再次观看视频）

教师：你们有什么发现吗？

幼儿：小乌龟翻身的时候，头伸得好长好长。

幼儿：小乌龟翻身的时候，头转了一下。

幼儿：小乌龟的脚也伸出来了，扶了一下地。

幼儿：小乌龟的前脚帮忙了，后面的没有出来。

教师：小乌龟是可以自己将身体翻过来的，不需要我们的帮助。如果我们伸手去帮助小乌龟翻身，你们想想小乌龟会怎样呢？

幼儿：小乌龟会害怕，将头缩进去。

三、结束环节

教师：通过观察，我们知道小乌龟是可以自己翻身的，小乌龟翻身的时候害怕我们用手去接触它。

【环境创设】

引导小朋友将小乌龟翻身的过程画下来，展示在主题墙上。

【家园共育】

家长和孩子一起阅读有关小乌龟的书籍，引导小朋友继续了解小乌龟。

主题活动总结

探究式科学主题活动的开展，一方面有利于培养幼儿的探究精神，让幼儿对小乌龟的外形特征、食性等方面有所了解，另一个重要的方面是情感教育，通过活动，让幼儿学会尊重生命，爱护生命。在整个主题活动的开展过程中，受益的不光是孩子，作为教师的我也受益颇多，在孩子们的问题中，我同孩子们一起去发现、去探索，在一个个疑问得到解决时，孩子们满足而欣喜的表情展现在眼前。孩子们在认识小乌龟—了解小乌龟—照顾小乌龟的整个过程中，懂得了如何去照料小乌龟，保护小乌龟。我想孩子们不仅热爱小乌龟，也会对其他小动物产生怜惜之情。主题活动结束后，班里的小乌龟被照料得很好，孩子们能够把学到的知识体现在自然角的饲养中，孩子们看着乌龟慢慢变大，也很欣喜，常常会跑到小乌龟面前看一看，和小乌龟聊聊天，小乌龟已经成为孩子们的朋友。

主题活动点评

在活动中，我们能够看到幼儿参与活动的兴趣和热情。幼儿善于发现，敢于用简单的语言将自己的发现表达出来。在活动中，我们也可以看到教师的引导策略，教师能够给予幼儿充足的探索和发现空间，及时给予幼儿鼓励和认可，在孩子表达不清楚、不完整时，教师能够及时帮助幼儿梳理经验。教师始终跟随幼儿的兴趣开展活动，体现了尊重幼儿、以幼儿为本的理念。孩子们从迎接小乌龟到认识小乌龟，再到悉心地照顾小乌龟，感受到生命的神奇，也体现了对生命的尊重和爱护。

教师：薛梅梅

第二节　中班探究式科学主题活动案例

主题活动一：风车转转转

主题活动由来

春天到了，春风吹来了，天气开始暖和起来。小朋友特别喜欢户外活动，在操场上跑来跑去，玩得不亦乐乎。周末，爸爸妈妈带孩子去公园放风筝。幼儿园里，小朋友也拿着小风车跑来跑去。

主题活动目标

1.情感目标：

（1）通过参与活动进行探索与操作，体验其中的快乐。

（2）在玩玩具的过程中，鼓励幼儿探究小风车转动的原因。

2.知识目标：

（1）了解小风车能够转动的秘密。

（2）观察自然界中风的存在，知道风能使小风车转动起来。

（3）通过尝试，知道小风车转动的快慢与风向、风力、风速的关系。

3.技能目标：

（1）尝试了解能使小风车转得更快的办法。

（2）在教师的引导下发现问题，并尝试一起解决问题。

活动一：玩小风车啦

【活动目标】

1.愿意大胆探究小风车的秘密。

2. 体验玩小风车的乐趣。

【活动重点】

在玩中探究小风车在风中能够转动的秘密。

【活动准备】

1. 经验准备：玩过小风车。

2. 物质准备：小风车。

【活动过程】

一、导入环节

教师出示风车。

教师：小朋友，你们想玩风车吗？

二、主要环节

1. 幼儿操作。幼儿手拿小风车在操场上玩，教师巡视观察，发现幼儿的问题并进行指导。

2. 交流讨论。

教师：小朋友，你们玩小风车时发现了什么？

幼儿：看，我的小风车转得多快！

幼儿：我的小风车为什么转得不快呢？

幼儿：我的小风车为什么不转呀？

教师：你们想一想，小风车为什么能够转动啊？

幼儿：我一跑，小风车就转了。

幼儿：刮风了。

幼儿：我举得高就转啊。

……

教师：小朋友说得很对，有风就能使小风车转动起来。

3. 再次尝试并比较在室内室外不跑的情况下小风车的状态。

幼儿：小风车在屋里就不转动。

幼儿：在外面不跑，小风车也能转动。

教师：那是为什么啊？

幼儿：外面有风，屋里没有风。

幼儿：有风的时候，小风车就能转动。

三、结束环节

小朋友拿着小风车在室内和室外都进行了尝试，发现在跑动时小风车会转动，在不跑动的情况下小风车不转动；小风车在室内不转动，而在室外有风时会转动。

【环境创设】

在活动区投放一些小风车，供小朋友们探究。

【家园共育】

在主题活动开展前，教师制作主题海报，告知家长要进行的主题活动名称及内容。

活动二：怎样让风车转得快（一）

【活动目标】

1.在探究的过程中，感知风车转的速度与运动静止的关系。

2.在探究的过程中能够感受到科学活动的乐趣。

【活动重点】

知道站着不动时，小风车转得慢，跑起来时，小风车转得快。

【活动准备】

1.经验准备：初步探究过小风车的玩法。

2.物质准备：小风车、有风的天气。

【活动过程】

一、导入环节

小朋友拿着小风车到户外玩，观察小风车转动的情况。

二、主要环节

1.教师帮助幼儿回顾已有经验，引出讨论主题，鼓励幼儿大胆说出自己的想法。

教师：小朋友，你们的小风车转动吗？

幼儿：转动。

教师：为什么能够转动啊？

幼儿：今天外面有风。

教师：有风就能够转动吗？

幼儿：是的，有风的时候，即使不跑，小风车也能够转动。

教师：那怎样才能转得快呢？

2.幼儿再次操作。

教师：你们怎样做能使小风车转得快呢？

幼儿：我使劲儿跑，小风车就转得快。

幼儿：我一边跑一边摇，小风车转得也快。

3.幼儿猜想。

第一个幼儿拿着风车站着不动；第二个幼儿拿着风车大步走；第三个幼儿拿着风车跑步。请猜一猜哪个风车转动得快。

4.幼儿验证猜想：三个幼儿在同一起点处开始，幼儿观察比较。

教师：哪个小朋友的风车转动得快？

幼儿：跑的小朋友的小风车转得快。

教师：手拿小风车跑的小朋友的风车转得最快。

三、结束环节

活动中，小朋友们利用三种方法验证风车怎样转动得快。由于几组幼儿跑的速度不一样，出现了不同的结果，但是经过多次尝试，最终得出结论，跑的幼儿的小风车转动得快。

【环境创设】

请小朋友将活动过程画下来，贴在主题墙上，鼓励他们继续探究。

【家园共育】

家长和孩子一起制作小风车，并和孩子一起探究。

活动三：怎样让风车转得快（二）

【活动目标】

1.在探究的过程中，感知风车转的速度与风力大小的关系。

2.愿意参加操作实验。

【活动重点】

感知和观察风大时风车转得快，风小时风车转得慢。

【活动准备】

1.经验准备：教师提前看天气预报，掌握风速大小的时间段。

2.物质准备：有风的天气、小风车若干。

【活动过程】

一、导入环节

带幼儿到户外玩小风车，激发幼儿探究的欲望。

二、主要环节

1.教师提问激发幼儿探究的兴趣。

教师：我们跑动时小风车转动得快，除了跑，咱们还可以怎样做能使小风车转得快呢？

幼儿：在有风的地方用力跑。

幼儿：刮大风的时候出去跑。

2. 教师：天气预报说，今天上午有微风，下午就刮五至六级大风了。

（1）上午带领幼儿到操场上试一试。方法：把风车固定在桌上，幼儿进行观察。得出结论：在刮小风的时候，风车转动了，但是转动得不是很快。

（2）下午带领幼儿到操场上试一试。方法：把风车固定在桌上，幼儿进行观察。得出结论：在刮大风的时候，风车转动了，而且风车转动得很快。

3. 让幼儿分组进行尝试，然后讨论上下午风车转动的速度。

（1）上午风小的情况下：

教师：小风车转动得快吗？

幼儿：小风车一圈一圈连着转。

幼儿：转得不快。

（2）下午风大的情况下：

教师：小风车转动得快吗？

幼儿：风车转得特别快。

幼儿：都看不见扇叶了。

三、结束环节

教师总结：小风车在刮大风时转动得快，风小的时候转动得慢，没风的时候不转动。

【环境创设】

请小朋友画一画风力和小风车转速的关系，引导他们进一步探究。

【家园共育】

家长和孩子一起上网搜集小风车转动的资料，和孩子一起探究小风车转动的秘密。

活动四：怎样让风车转得快（三）

【活动目标】

1. 在探究的过程中，感知风车转的速度与站位高低的关系。

2. 能够体验探究和发现的乐趣。

【活动重点】

感知和发现风车在不同位置上转动的速度是不一样的。

【活动准备】

1.经验准备：有初步探究小风车转速的经验。

2.物质准备：小风车若干。

【活动过程】

一、导入环节

教师：小朋友，上次你们在刮大风和刮小风时玩了小风车，而且知道了小风车在风大时转动得快。那你们想了没有，小风车还在什么时候转动得快呢？

幼儿：我爸爸拿着风车时，风车转得就快；我拿着时，风车转动得慢。

二、主要环节

1.教师：小朋友想一想，小风车在高处转得快，还是在低处转得快？

2.根据猜想进行验证，幼儿到高低不同的地方尝试验证。

教师：刚才小朋友到高处平台和操场上进行了尝试，小风车在哪里转动得快呢？

幼儿：小风车在二楼平台转动得快一些。

3.再次尝试并用摄像机录下来。

教师：你们看一看录像，小风车在哪儿转动得快呢？

幼儿：小风车在高处转动得快。

教师：为什么小风车在高处转得快呢？

幼儿：站得高，风大。

三、结束环节

总结：高处的风大，小风车转得就快。

【环境创设】

教师把小风车放在户外，引导幼儿在户外游戏时继续探究。

主题活动总结

这个活动最突出的特点是在玩中探究科学原理，它极大地满足了孩子们对转动物体的好奇心，并在制作完风车后，体验让风车转动的快乐以及自己动手的成就感。幼儿在一次次的操作中发现问题，并在教师的帮助下解决问题，使得个体经验进一步得到提升。

从能力上说，活动巩固并发展了幼儿折、剪、贴和使用工具的能力，也发展了幼儿空间方位的感知能力；从情感上说，幼儿充分感受到美工活动的快乐，体验到风车成功转动的惊喜；从创造力上说，幼儿利用废旧材料感受不同材质的特性。但是材料和风车样式仍然有一定的局限性，材料还可以再丰富，让幼儿逐步发展起来的技能充分运用在自由创作上，并且可以在合作的基础上有更高水平的发挥。

主题活动点评

1.幼儿学习的特点是反复学习，教师需要在开展各种活动的同时关注幼儿量的积累和不同水平幼儿的差异，以便幼儿在反复学习的过程中主动地积累和建构新知。

2.科学主题要符合幼儿的年龄特点，教师在投放材料时要根据幼儿的个体差异性，指导要适时介入，选择的活动要突出"玩"字，幼儿的认知就是在玩的过程中得以提升的。

3.科学探究的主题贴近幼儿生活，并能回归于幼儿的生活。

主题活动二：奇妙的电池

主题活动由来

孩子们在平时玩玩具的时候会发现一些问题，如有的玩具能动，有的玩具不能动，有的玩具刚开始能动，玩着玩着就不动了等，根据孩子遇到的这些问题以及孩子的好奇心，我们生成了主题活动"奇妙的电池"。

主题活动目标

1.情感目标：

（1）愿意参加科学探究活动，体验探究过程的乐趣。

（2）通过玩电动玩具，对电池感兴趣。

（3）在探究和发现的过程中，体验给电动玩具安装电池的成就感。

2.知识目标：

（1）发现和收集周围生活中安装电池的物品。

（2）通过操作和探究，了解电池在生活中的用途。

3.技能目标：

（1）了解物品安装电池的需要，并愿意尝试解决问题。

（2）由易到难，观察不同节数的电池盒，并探索电池的安装方法。

活动一：会动的玩具

【活动目标】

1.通过玩各种玩具，根据玩具是否能动进行分类。

2.通过玩各种电动玩具，愿意探索电池。

【活动重点】

根据玩具是否能动进行分类。

【活动准备】

1.经验准备：有玩电动玩具的经验。

2.物质准备：电动飞机、电动汽车、电动陀螺、音乐盒、魔法棒等电动玩具。

【活动过程】

一、导入环节

引导幼儿介绍自己带来的玩具。

教师：今天你们都带来了什么样的玩具？

幼儿：我带来的是会变形的小汽车，它可以变成一个机器人。

幼儿：我带来的是一个陀螺，我的陀螺在转的时候还会亮灯。

……

二、主要环节

根据玩具的属性（是否安装电池）进行分类。

教师：我们给玩具分分类吧。

（幼儿通过玩玩具给玩具分类）

教师：你们是怎么给玩具分类的呢？

幼儿：老师，刚才我在玩玩具时发现了一个事情。

教师：什么事情呢？

幼儿：有的玩具能动，有的玩具不能动。

教师：这是为什么呢？

幼儿：能动的玩具里好像装着电池，所以才会动。不能动的玩具里没有装电池。

教师：是不是这样呢？我们一起来看一看吧。（孩子们纷纷寻找会动的玩具里的电池）

幼儿：老师，我找到啦！

幼儿：我也找到啦！电池在玩具的下面呢！

教师：我们通过玩大家带来的玩具，发现有的玩具里面安装了电池，有的玩具没有安装电池，能安装电池的玩具就能动。

三、结束环节

教师：找一找咱们班里的哪些物品需要安装电池。

四、延伸活动

探索：所有的电动玩具安装电池以后都会动吗？

【环境创设】

将幼儿分好类的玩具拍成照片并展示在主题墙上，帮助幼儿梳理和巩固经验。

【家园共育】

家长和孩子一起找一找家里的哪些玩具需要安装电池，探索它们是怎么工作的。

活动二：电动玩具都会动吗

【活动目标】

1.通过观察、操作、实验、谈话，进一步了解电池的知识。

2.培养动手能力和对科学探索活动的兴趣。

【活动重点】

了解电动玩具为什么不动了。

【活动准备】

1.经验准备：玩过电动玩具。

2.物质准备：没有安装电池的电动玩具若干、安装了没有电的电池的电动玩具若干、新电池若干。

【活动过程】

一、导入环节

1.教师：今天老师带来了许多电动玩具，小朋友一起玩儿吧。

2.幼儿一起玩电动玩具。

幼儿：老师，我拿到的电动玩具怎么不动呢？

教师：啊？这是怎么回事呀？

幼儿：老师，你是不是忘了往玩具里安装电池了呀？

教师：我们一起来看一看是什么原因吧。

二、主要环节

1.大揭秘，寻找玩具不动的原因。

幼儿：老师，这个电动玩具里面没有电池。

幼儿：老师，我拿到的这个电动玩具里有电池。

教师：我们给没有装电池的玩具装上电池就行了，可是有电池的玩具为什么不动呢？

幼儿：玩具里的电池是不是没电了呀？

幼儿：我们给有电池的玩具换上新电池试试吧！

2.教师给玩具换电池，帮助幼儿验证自己的猜想结果。

幼儿：啊！玩具动起来了，原来是之前玩具里的电池没电了。

教师：我们都知道电动玩具里面要安装电池才能玩，但是玩具里要安装什么样的电池呢？

幼儿：要安装有电的电池。

三、结束环节

观察电池盒与电池盒里的电池。

四、延伸活动

在活动区中，幼儿尝试将安装在电池盒里的电池拆下来。

【环境创设】

统计幼儿的猜想并呈现在主题墙上。

【家园共育】

家长在家和孩子一起在玩中了解电池。

活动三：安装电池

【活动目标】

1.认识电池，将电池与电池盒的正负极进行对应。

2.在认识电池的基础上，学习正确安装电池的方法。

【活动重点】

认识电池盒与电池的两极。

【活动难点】

学习安装电池的方法。

【活动准备】

电动玩具、电池若干。

【活动过程】

一、导入环节

引导幼儿观察并描述电池的外部特征，根据电池的外部特征来认识电池的两极。

教师：电池是什么样子的？

幼儿：电池的身体是长长的。

幼儿：电池的一头有一个小疙瘩。

教师：那个小疙瘩是电池的小帽子，电池的另一头是什么样子的呢？

幼儿：是平平的。

教师：你们再仔细看看电池的身体上还有什么呢？

幼儿：老师，电池小帽子那一端有一个"十"字，平平的一头有一根横线。

教师：嗯，你观察得真仔细，那么小都被你发现了。现在我们要把电池装到玩具的电池盒里，我们一起来试一试吧。

二、主要环节

引导幼儿给电动玩具安装电池，教师巡回指导。

幼儿安装好电池后，教师提问：你的电池装到电池盒里了吗？装完电池的玩具动起来了吗？给电池掉个头，试试玩具还能动起来吗？电池和电池盒有一样的地方吗？

幼儿：老师，我在安装电池的时候，发现电池盒里也有一个小小的"十"字和一根小小的横线。

教师：那你是怎么把电池装进去的？

幼儿：我是先装有弹簧的一头，然后把电池摁下去的。第一次装电池的时候，电动玩具没有动起来。我就把电池拆下来，然后把电池像我们中午睡觉掉头一样掉了个头，玩具就动起来了。

教师：对，电池和电池盒里都有小小的"十"字和小小的横线。电池上的"十"字和横线要对应电池盒上的"十"字和横线，这样电池里的电才能传到玩具里，玩具才会动起来。

三、结束环节

根据电池与电池盒的特征尝试安装电池。在幼儿反复尝试的过程中，了解安装电池的正确方式。在不断的尝试中帮助幼儿巩固了解电池与电池盒两者在安装的关系。

四、延伸活动

给家里需要装电池的物品安装电池。

【环境创设】

将材料投放到相应区域，引导幼儿在区域中继续练习安装电池。

【家园共育】

家长了解孩子对电池的认识，如家中有需要安装电池的物品，家长可以和孩子一起安装电池。

活动四：安装两节电池

【活动目标】

1.能够根据安装一节电池的经验，安装两节电池。

2.在安装电池的过程中发现电池的多样性。

【活动准备】

1.经验准备：有安装一节电池的经验。

2.物质准备：不同型号的电池若干，电动玩具若干，创设情景"电池专卖店"。

【活动过程】

一、导入环节

回顾已有经验，帮助幼儿回忆安装一节电池的方法。

教师：谁还记得安装一节电池的方法？

幼儿：我记得，电池上的"十"字对着电池盒的"十"字，电池上的横线对着电池盒上的横线。这样电池里的电就会传到玩具里，玩具就会动起来。

教师：对，是这样的。今天我们要给玩具安装两节电池，怎么安装呢？需要小朋友自己来试一试。

二、主要环节

幼儿操作，教师巡回指导。

教师：两节电池的大小要一样吗？

幼儿：要一样。如果不一样，大的电池就装不进去，小的电池装到电池盒里会掉出来。

教师：两节电池需要怎么安装呢？和安装一节电池的方法一样吗？

幼儿：一样。

教师：安装完电池以后，两节电池的方向一样吗？

幼儿：不一样，是反着的。

三、结束环节

1.同伴之间交流自己安装电池的经验。

2.教师帮助幼儿总结梳理安装两节电池的经验。

教师：电池和电池盒上的"十"字和横线要对应。装进去的两节电池的方向是相反的。

四、延伸活动

在生活中有哪些物品需要安装电池呢？回家给这些物品换电池。

【环境创设】

在活动区提供玩具和电池，鼓励幼儿发现电池两极与电池盒的对应关系，将幼儿的发现结果以照片的形式呈现在主题墙上。

【家园共育】

家长了解孩子对安装电池的认识，鼓励孩子将安装电池的方法运用到日常生活中。

活动五：我们见过的电池

【活动目标】

1.扩展对不同型号、形状电池的认识。

2.知道电池给我们生活带来的便利以及危害。

【活动重点】

知道处理废旧电池的方法。

【活动准备】

和幼儿一起收集各种各样的电池，将电池图片制作成PPT。

【活动过程】

一、导入环节

经验回顾，回忆上次活动安装电池的型号。

二、主要环节

收集各种不同型号、不同用处的电池，引导幼儿进行探究。

教师：我们收集的这些电池一样吗？

幼儿：不一样。

教师：有哪些不一样呢？

幼儿：大小不一样。

幼儿：形状不一样。

教师：这些不一样的电池，它们的用处一样吗？

小结：电池的种类是多种多样的，不同种类的电池有不同的用处。

三、结束环节

教师：我们的生活离不开电池，当电池里的电用完了，我们应该怎样处理没电的电池呢？

幼儿：我妈妈说废旧电池有毒，会给我们的生活带来危害。

教师：废旧电池有什么危害呢？

幼儿：会危害我们的生活环境。

教师：是的，废旧电池会给我们的生活环境带来非常大的危害，我们一起来看一看废旧电池会给我们的生活带来哪些危害。（观看视频）

小结：我们使用后的废旧电池要单独进行回收处理，这样才不会危害我们的生活环境。

四、延伸活动

幼儿收集各种各样的电池。

【环境创设】

1. 和幼儿一起创设电池回收站，制作废旧电池回收箱，把废旧的电池收集起来，集中处理。

2. 尝试通过安装发现电池与电池槽的对应关系，用连线的方式体现在主题墙上。

【家园共育】

在日常生活中，家长引导孩子将废旧电池收集起来集中处理。

主题活动总结

"奇妙的电池"是中班的科学探索活动。幼儿在玩电动玩具的过程中感受到电动玩具的好玩，就这样引发了孩子们一个又一个的发现和无穷无尽的探索欲望。当电动玩具不会动时，孩子在探究的过程中去寻找原因，再去思考解决问题的办法。《指南》指出"科学学习的核心是激发孩子的探究兴趣，体验探究过程，让幼儿在体验和探究的过程中学会发现问题、分析问题和解决问题。"

教师：史 杰

主题活动三：小树叶

主题活动由来

秋天来了，教师在出操时间带孩子们走出楼道，只见外面一片热闹的景象。小朋友在一片金黄色的银杏树下，兴高采烈地抛撒树叶。树上的叶子在秋风的吹拂下，从我们的头顶上飘飘洒洒地落了下来，孩子被眼前的景象吸引了。教师和孩子们一起看树叶，弯下腰来捡树叶……

大自然充满着神奇的力量，它能激发人们强烈的好奇心，给人们带来快乐的感受。教师要抓住幼儿感兴趣的活动内容，开展有意义的科学教育活动，以拓展幼儿的视野，丰富幼儿的经验。

主题活动目标

1.情感目标：初步感知和了解身边常见树木的变化，感知树木的多样性和独特性。知道爱护树木，保护环境。

2.知识目标：能运用比较的方法进行科学活动，感受比较的过程和结果，获得初步的比较能力。

3.技能目标：能对探索与发现的过程和方法进行表达与记录。

活动一：小树叶找妈妈

【活动目标】

1.通过小树叶找妈妈的活动，体验小树叶想回到大树身边的情感，了解树叶和树之间的亲密关系。

2.通过观察和比较，知道不同的树长着不同的树叶。

【活动重点】

培养幼儿探索树叶的兴趣和态度。

【活动准备】

幼儿园树林，每人采集一些银杏树、杨树等的树叶。

【活动过程】

一、开始环节

引导幼儿到幼儿园内自由捡拾树叶。

二、主要环节

1.观察、探索不同种类的树和树叶，提问：

（1）看看小树叶长的什么样？摸一摸，有什么感觉？

（2）大树妈妈在哪里？它长的什么样？猜猜哪棵大树是小树叶的妈妈？

2.游戏"小树叶找妈妈"。

教师：小朋友，大树妈妈长得又高又大，她有许多树叶宝宝。小树叶喜欢和妈妈在一起，我们把小树叶送回妈妈身边，一起玩一个"小树叶找妈妈"的游戏吧。请你拿出和老师手里一样的树叶，我们帮助小树叶找妈妈吧！（幼儿根据树叶找到相同品种的大树）

3.更换树叶，游戏反复进行。

小结：杨树的叶子像桃心，银杏树的叶子金灿灿的，像小扇子一样。

三、结束环节

教师：今天我们帮小树叶找到了妈妈，小树叶真开心！谢谢你们！

【环境创设】

教师创设"小树叶找妈妈"主题区域环境，并投放资料盘供幼儿分类摆放搜集的树叶。

【家园共育】

家长带孩子到户外找树叶、观察树叶，了解不同树叶的特征。

活动二：多样的树叶

【活动目标】

1. 感受树叶的多样性，知道一些常见的树叶。

2. 能用语言、绘画等方式表达自己对树叶的认识。

【活动重点】

通过对比观察，感知树叶的不同特征。

【活动准备】

图画纸，水彩笔，盘子，"小树叶找妈妈"主题区域环境，教师和幼儿一起捡拾的银杏树、柳树、杨树、梧桐树等各种树的落叶，音乐《找朋友》。

【活动过程】

一、开始环节

谈话引入：现在是什么季节啊？秋天的小树叶有什么变化？（树叶颜色变了，从树上飘落下来）

二、主要环节

1.看看你捡到了什么样的树叶？

2.看一看、摸一摸小树叶。

3.你发现了什么？说说它们哪里不一样？

引导幼儿从树叶的形状、大小、颜色等方面说说树叶的相同点与不同点。

4.幼儿绘画。

（1）鼓励幼儿用简单图画或符号等表达自己对叶子的认识。

引导幼儿运用直线、曲线等线条或圆形、椭圆形、长方形等图形表达自己对小树叶的认识。

（2）欣赏、交流同伴作品。

三、结束环节

游戏"找朋友"。幼儿手拿一片小树叶，在《找朋友》的音乐声中寻找与自己树叶相同的幼儿，音乐停时，教师鼓励幼儿自查是不是找对朋友了，并帮助找错的幼儿及时纠正过来。

【环境创设】

请小朋友画一画树叶，将自己画的树叶贴在主题墙上。

【家园共育】

家长和孩子一起阅读有关树叶的书籍，查找相应的资料，进一步了解树叶。

活动三：小树叶为什么会掉呢

【活动目标】

1.愿意探究树叶掉落的原因。

2.初步判断小树叶掉落的原因。

【活动重点】

探究小树叶掉落的原因。

【活动准备】

彩色记录纸一张、记录笔、有关大树的科普视频。

【活动过程】

一、开始环节

抛出问题，引发幼儿思考。

教师：刚才有位小朋友发现了一个问题，请你跟老师再说一下吧。

幼儿：小树叶为什么会从树上掉下来呢？

教师：告诉小朋友你是怎么想的呢？

幼儿：小树叶是被风吹掉的。

教师：我们一起来听听其他小朋友是怎么想的？

二、主要环节

讨论树叶掉落的原因。

教师：谁知道小树叶为什么会从树上掉下来呢？

幼儿：天气变冷了，小树叶就会掉下来。

教师：为什么天气变冷了，树叶就会掉下来？

幼儿：因为缺乏水分。

教师：还有其他的原因吗？

幼儿：小树叶只能长一年（生命周期只有一年）。

小结：冬天，树叶掉落是大树的一种自我保护方法，气温下降了，光照减少了，植物的光合作用也减弱了，大树自身养分不足，树叶掉落能减少养分的消耗。

三、结束环节

请幼儿观看视频，进一步了解树叶掉落的原因，并将自己的想法记录下来。

【环境创设】

引导孩子画一画春夏秋冬四个季节的大树，对比树叶在四季的变化。

【家园共育】

发动家长利用周末时间跟孩子一起观察树叶，收集有关资料告诉孩子小树叶为什么会从树上掉下来。鼓励孩子在日常生活中进一步观察和探究小树，以验证自己的猜想。

活动四：哪种树的叶子先掉光（一）

【活动目标】

1.愿意观察树叶的变化，了解树木的四季变化。

2.认识杨树、柳树、银杏树、香椿树等，萌发关爱自然的情感。

【活动重点】

通过观察、比较，发现树叶是各种各样的，能从颜色、形状、大小等方面进行简单的语言表述。

【活动准备】

1.经验准备：关注季节的变化，了解树在不同季节会发生变化。

2.物质准备：各种大树的图片、树叶、笑脸贴纸、表格。

【活动过程】

一、开始环节

1.出示杨树、柳树、银杏树、香椿树的图片和树叶。

2.播放音乐，幼儿拿着树叶在音乐声中找到与手中树叶对应的大树图片。

3.通过观察、比较，发现叶子是各种各样的，能从颜色、形状、大小等方面进行简单的语言表述。

二、主要环节

1.教师：小树叶为什么会从树上掉下来呢？

帮助幼儿回忆已有经验。

2.猜想与记录。

（1）出示表格，请小朋友根据表中列出的树木进行猜想，表达自己的想法。

（2）教师统计、记录幼儿的猜想（图26）。

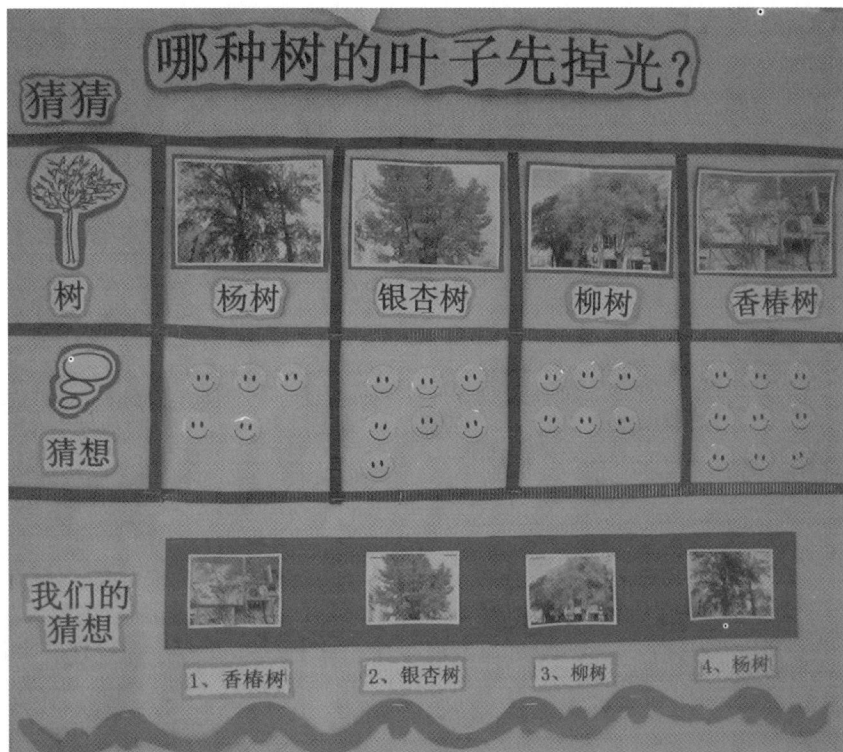

图26

3. 小结：香椿树的叶子先掉落，接着掉落的是杨树的叶子、柳树的叶子、银杏树的叶子。

三、结束环节

带领幼儿到户外观察树叶，鼓励幼儿积极验证自己的猜想。

【环境创设】

将各种各样的树叶投放在主题活动区，请小朋友们辨认是什么树叶，说一说这种树叶什么时候掉落。

【家园共育】

培养孩子对植物的兴趣，带孩子到户外观察树叶，并发现各种树叶的不同。

活动五：哪种树的叶子先掉光（二）

【活动目标】

1. 愿意探究树叶掉落的先后顺序。

2.学习用简单的符号表征自己的观察结果并进行记录。

【活动重点】

引导幼儿用绘画的方式记录自己的观察和发现。

【活动准备】

图片、幼儿观察记录表、相机。

【活动过程】

一、开始环节

1.出示杨树、柳树、银杏树、香椿树等四种树叶的图片，使幼儿明确观察的对象。

2.出示并讲解幼儿观察记录表，使幼儿知道记录的方法。

二、主要环节

1.幼儿到室外进行观察与记录。

一名教师观察并指导幼儿用绘画的方式进行记录，另一名教师用相机记录四种树叶的生长情况。

2.第二次观察和记录。

在好奇心的驱使下，幼儿对银杏树、杨树、柳树和香椿树等进行了多次观察，他们发现虽然香椿树和银杏树的叶子变少了，但是四种小树还是都有叶子的。

周末的时候有三至四级风，周一再去观察，幼儿发现小树竟然有了变化。香椿树和银杏树的叶子掉光了，杨树上还有稀稀疏疏的叶子，柳树的叶子最多。运用符号记录的幼儿也多起来，他们用于记录的图案、符号不是老师直接教授给他们的，而是通过自己的观察，在同伴分享经验的基础上，创造性地用符号记录他们眼中看到的真实现象。

3.第三次观察和记录。

4.个案记录分享。

教师：桐桐，请讲讲你的记录表吧。

幼儿：柳树上还有叶子，银杏树、杨树、香椿树的叶子掉光了。

教师：你画的这是什么叶子？

幼儿：柳树叶。

教师：其他空着的格子表示什么意思？

幼儿：这些树的叶子没有了。

教师：空格也是一种记录的方法，它表示"没有"。小朋友，你们觉得这种记录方法怎么样？

幼儿：挺好的。

教师：说说为什么挺好的？

幼儿：看得清楚！

教师：为什么看得清楚？

幼儿：一看就知道了，只有柳树上还有叶子，其他树的叶子都没了。

教师：我们看看桐桐前两次的记录，和今天的记录相比有什么变化？

幼儿：第一次画的小树叶特别多，漂亮、好看！四种树都有叶子。

教师：记录得非常好！我们再看看第二次记录。

幼儿：第二次四种树都画了小树叶，有小树叶的地方还打了√。

教师：第二次记录除了有绘画的小树叶，还有√。桐桐小朋友的三次记录都很好，但是小朋友仔细看看哪次记录最简单、最便于记录？

幼儿：第三次。

三、结束环节

从桐桐的三次记录中可以发现，孩子的记录方式是在不断变化的，是由绘画式、符号式到标记式逐步转化的，记录方式越来越简单化、清晰化了，同时也很好地表达出了幼儿的想法。

【环境创设】

带孩子收集树叶，将树叶做成树叶画并展示在主题墙上，引导幼儿继续探索。

【家园共育】

家长和孩子一起制作观察记录表，带孩子到公园或户外观察树木的变化，并将其记录下来。

活动六：叶贴画

【活动目标】

1. 会利用树叶的结构和外形拼贴画面。

2. 能大胆想象并尝试用树叶造型。

【活动重点】

发散思维，大胆尝试树叶造型。

【活动准备】

教师与幼儿共同收集的树叶、一些树叶拼贴画的成品、剪刀、透明胶带、双面胶等。

【活动过程】

一、开始环节

1. 欣赏树叶贴画。

提问：这些好看的画是用什么做的？它们是什么树的叶子？叶贴画是怎么做成的？

2. 讨论叶贴画的制作方法。

提问：没有你需要的形状怎么办？（剪、撕）

提醒：先将树叶拼成画面，再粘胶带或者贴双面胶。

二、主要环节

1. 给每个小组分好同等数量的树叶，请幼儿观察、挑选。

2. 幼儿按讨论好的方法，自由选择树叶进行拼贴创作。

3. 教师指导幼儿使用工具的正确方法。

三、结束环节

1. 幼儿展示拼贴好的作品，引导幼儿自主讲述自己的粘贴主题。

2. 小结：小朋友们都很棒，在拼贴树叶的过程中，有的小朋友能根据树叶本身的形状创造性地组合拼贴。也有的小朋友使用了剪刀，用剪的方法剪出了自己需要的图形。

【环境创设】

在美工区投放绘画纸、水粉纸、水粉、彩泥、陶泥、水粉颜料、毛笔、易拉罐等材料，引导幼儿利用树叶进行创作。

【家园共育】

家长和孩子一起观察用树叶制作成的艺术品，搜集树叶，鼓励孩子创作。

活动七：树叶的秘密

【活动目标】

1. 区别枯叶和绿叶，发现绿叶中有水分。

2. 在观察、比较中对树叶进行进一步探索。

【活动重点】

探索绿叶和枯叶的不同。

【活动准备】

枯叶和绿叶若干。

【活动过程】

一、开始环节

1.看一看。

教师：每个小朋友的筐里都有两片树叶，请你比较一下它们有什么不一样。

教师：两片树叶中，有一片是枯叶，有一片是绿叶。枯叶是黄褐色的，绿叶是绿色的。

2.摸一摸。

教师：请你摸一摸这两种不同颜色的树叶，说说有什么感觉？

幼儿：黄叶子薄薄的、脆脆的，表面粗糙。

幼儿：绿叶子厚厚的、很坚硬，表面光滑、油油的。

3.捏一捏。

教师：请你捏一捏这两种树叶，说说有什么感觉？

幼儿：枯叶干干的，一捏就碎。绿叶有点湿润，黏黏的、不易碎。

二、主要环节

教师：请你撕一撕这两片叶子，看看有什么发现？

幼儿：枯叶没有汁，绿叶有汁。

教师：树叶为什么会发黄变成枯叶呢？

幼儿：树叶掉下来后，大树妈妈就不能给它输送水分了，所以它就慢慢变成黄色的了。

三、结束环节

教师：秋天到了，树叶落下来，离开大树妈妈就慢慢地变成了枯叶。有的树叶掉落是因为被虫子咬了，或者大风吹断树枝，小树叶也飘落下来。

【环境创设】

和幼儿一起到户外捡拾树叶并投放在主题区域中，请幼儿观察、探究。

【家园共育】

家长和孩子一起查阅树叶的相关资料，进一步探究树叶。

活动八：小树不冷了

【活动目标】

1.知道冬天是寒冷的季节，培养爱护树木的情感。

2.了解树木过冬的方式。

【活动重点】

用语言及绘画的方式表达自己对小树的情感。

【活动准备】

水彩笔、图画纸。

【活动过程】

一、开始环节

提问：冬天天气怎么样？小朋友们是怎样过冬的？你认识的小树又是怎样过冬的？

鼓励幼儿大胆表达，引导幼儿分享经验。

二、主要环节

1.讨论大树过冬的方式。

教师：小朋友，你们知道大树是怎样过冬的吗？

2.引导幼儿了解保护树木的具体方法。

教师介绍"保护树木的好处，为什么要给树穿衣"的相关常识，并介绍各种材料的用途。

3.幼儿绘画。

教师巡回指导，鼓励幼儿用画笔表达自己保护小树的情感。

4.欣赏同伴作品。

小结：树有很多品种，不同的树木有着不同的习性。有的树木不怕寒冷，有自我保护的能力，如雪松、柏树、针叶松；有的树木需要在人们的帮助下抵抗寒冷，如梧桐树、银杏树等。

三、结束环节

带领幼儿在户外环境中走一走、看一看，讨论人们是怎样爱护小树、帮助小树过冬的。

【环境创设】

在图书区投放大树的资料或图片，引导幼儿进一步探究大树是怎样过冬的。

【家园共育】

家长与孩子一起搜集有关树叶的资料，并鼓励孩子到幼儿园讲述相关经验，与同伴一起分享、交流自己的发现。

主题活动总结

4～5岁幼儿对新奇事物非常感兴趣，他们喜欢探究、发现，有了解周围世界的好奇心和求知欲，并希望通过自己的活动获得满足。

1.幼儿感兴趣的科学内容是顺利开展科学主题活动的前提和基础。

在"小树叶"主题活动实施的过程中，教师注重把握中班幼儿的年龄特点，始终坚持以幼儿的兴趣为出发点设计活动。由于兴趣是最好的老师，幼儿对于自己感兴趣的事情，在活动的过程中会表现出积极主动的学习态度，因此"小树叶"主题活动进行得非常顺利。

2.家长资源、社区资源为主题活动的顺利开展提供了有效支持。

幼儿园教育离不开家长的理解和支持，"小树叶"主题活动得到了家长的大力支持。在活动中，教师采用了多种方法，通过家长便条、家长专栏、每月的家长会等形式向家长介绍主题活动的进展，指导家长协助孩子采集树叶、搜集有关资料、观察植物的变化、支持幼儿的探究行为，使幼儿获得了更多观察、探究的机会，同时获得了更多的感性经验。

主题活动点评

在主题活动过程中，幼儿逐步形成了尊重事实的科学态度。幼儿的记录不是凭空想象，而是根据自己眼中的真实情景记录的。他们的观察能力以及记录能力有了明显提高，在"哪种树的叶子先掉光"的活动中，教师选择了四种树，幼儿对此进行了连续观察和多次记录，从幼儿园到社区，探究过程、验证过程是比较详细的。同时幼儿在同伴那里分享了经验，对他们的发展起到了很好的促进作用。

主题活动根据季节的变化、时间的推移一步步深化，引领幼儿不断地去观察树的变化。幼儿在各项活动的观察、比较、预测、推断、记录与交流中，运用了不同的探究方法，经历了发现问题、分析问题和解决问题的过程，幼儿的探究能力有了明显提升。

教师：刘 维

主题活动四：小陀螺

主题活动由来

近期，一个动画片引起了孩子们对陀螺的兴趣，几乎每个孩子都有自己的陀螺玩具，战斗陀螺、旋转陀螺、音乐陀螺、闪光陀螺……教师也根据孩子们的兴趣爱好，在班级活动区投放了一些民间木质的陀螺玩具。幼儿热衷于探索陀螺的多种玩法，于是教师带领幼儿一起制作陀螺和观察陀螺，通过活动让孩子们在玩中发现问题、解决问题。基于幼儿探索的积极性，开展了"小陀螺"的主题活动。

主题活动目标

1.情感目标：在观察和制作陀螺的过程中，愿意深入探究陀螺转动的原理。

2.知识目标：知道圆形的陀螺面最好转；发现陀螺面厚度不同的区别；体会陀螺面与轴之间的关系。

3.技能目标：在制作和探究陀螺的活动过程中，尝试使用不同的材料，发展动手及探究能力；学习将自己科学探索的过程和结果进行大胆的表达和交流。

活动一：各种各样的陀螺

【活动目标】

1.认识陀螺的外形，了解陀螺的种类。

2.能在集体面前大胆表达自己的想法。

【活动重点】

发现不同陀螺的启动方式不同。

【活动准备】

1.经验准备：幼儿玩过陀螺玩具。

2.物质准备：教师自制的、幼儿自带的、班里原有的多种陀螺玩具。

【活动过程】

一、导入环节

了解不同的陀螺种类。

教师：你都玩过哪些陀螺？

幼儿：我玩过带电池的陀螺。

幼儿：我玩过遥控陀螺。

幼儿：我玩过有发条的陀螺。

幼儿：我玩过用木头做的那种陀螺。

教师：它们有什么一样的地方？

幼儿：它们都会转。

幼儿：中间都有一根棍。

幼儿：底下都有转的尖。

教师：原来有这么多种陀螺呀，而且它们都可以转动起来。

二、主要环节

出示几个不同类型的陀螺，比较各种陀螺启动方式的区别。

教师：你们知道用什么办法可以让这些陀螺转起来吗？

幼儿：我见过打的那种陀螺，就是用小鞭子抽打陀螺，越抽打陀螺转得越快。

幼儿：电动陀螺按开关自己就可以转动。

幼儿：我自己的陀螺有一个长条机关，一抽机关，陀螺就转起来了。

幼儿：还可以用手转，一转就转起来了。

教师：原来不同种类的陀螺，转动起来的方式都不一样。

三、结束环节

引发幼儿自制陀螺的欲望。

教师：我发现有的陀螺转的时间长，有的转的时间短，这是为什么呢？

幼儿：因为它们不一样。

教师：那我们怎样才能比较出谁转的时间长，谁转的时间短呢？

幼儿：用一样的陀螺比。

教师：我们没有那么多一样的陀螺怎么办？

幼儿：我们自己做陀螺吧。

教师：好啊，我们来一起做陀螺吧。

【环境创设】

在主题墙上展示各种各样的陀螺，供幼儿进一步探究。

【家园共育】

家长和孩子一起寻找制作陀螺的材料并一起制作陀螺。

活动二：什么形状的陀螺面转动的时间长

【活动目标】

1.利用硬纸板和竹签制作不同形状的陀螺。

2.观察、发现不同形状陀螺转动的样子，比较不同面的陀螺转动的不同。

【活动重点】

比较哪种面的陀螺转动的时间长。

【活动准备】

1.经验准备：有玩陀螺的经验。

2.物质准备：不同形状的硬纸板、竹签。

【活动过程】

一、导入环节

通过问题引导幼儿了解陀螺的基本结构。

教师：陀螺上都有什么？

幼儿：陀螺面和轴。

教师：为什么陀螺会转？

幼儿：因为陀螺有个轴，轴支持着陀螺的身子，一使劲拧陀螺，它就转起来了。

教师：陀螺的面是什么形状的？

幼儿：圆形的。

幼儿：还有三角形的。

幼儿：还有方形的。

幼儿：还有花瓣形的。

教师：嗯，有很多种形状的陀螺面。

二、主要环节

1.出示陀螺，请幼儿猜想不同形状陀螺面的陀螺是否都能转。

教师：刚才小朋友说了，见过很多种形状的陀螺面，那你觉得这些形状的陀螺面都能转动起来吗？

2.请幼儿猜想哪种面的陀螺转动的时间最长。

3.制作不同形状陀螺面的陀螺。

（1）幼儿自选不同形状的面制作陀螺。

（2）用启发式的语言强调制作步骤并提出要求。幼儿制作时，教师帮助有困难的幼儿扎好洞。

三、结束环节

1.做完陀螺后，幼儿互相玩不同形状的陀螺。

2.观察是否每种面的陀螺都能转。

3.比较哪种陀螺好玩，哪种陀螺转的时间长。

小朋友们尝试后发现：每种面的陀螺都能转，但是圆形的陀螺转的时间长，而且稳；其他形状的陀螺转得不稳，而且转得时间短。正方形的陀螺转的时长排第二，长方形和梯形的陀螺转的时间最短。

【环境创设】

把幼儿制作的陀螺投放到主题环境区，引导幼儿继续探究。

【家园共育】

家长和孩子一起看书或查找资料，探究陀螺旋转的原理。

活动三：陀螺面的厚薄会影响转动时长吗

【活动目标】

1.在玩陀螺时感知纸的厚薄对陀螺旋转时长的影响。

2.在尝试比较中发现陀螺面厚的陀螺转的时间更长。

【活动重点】

感知并发现陀螺面的厚薄对转动时长的影响。

【活动准备】

1.经验准备：幼儿有制作陀螺的经验。

2.物质准备：大小相同、厚薄不同的圆形纸片，相同的木棍。

【活动过程】

一、导入环节

1.出示两个只有陀螺面厚薄不同的陀螺。

教师：小朋友在活动区玩陀螺时，发现有的陀螺转的时间长，有的转的时间短，这是为什么呢？

2.引导幼儿制作陀螺面厚度不同的陀螺。

二、主要环节

1.幼儿分组制作陀螺。男孩组用灰色的厚纸做，女孩组用粉色的薄纸做，其他材料相同。

2.做好陀螺后分组实验，引导幼儿发现纸的厚薄对陀螺旋转时长的影响。

女孩玩的是用薄纸做的陀螺，转起来后很快就停下来了，而男孩的厚面陀螺还能转很长时间。

三、结束环节

教师：刚才小朋友在玩陀螺的时候有什么发现？

男孩：我们的陀螺转的时间长。

女孩：我们女孩的陀螺老转不好，转的时间短。

教师：为什么呢？

女孩：我们的纸跟男孩的纸不一样。

教师：除了颜色不一样，还有哪些不一样？

女孩：我们的纸软，男孩的纸硬。

教师：除了软硬呢？

男孩：我们的纸厚，女孩的纸薄。

小结：经过我们的实验，用厚纸制作的陀螺转的时间长，用薄纸制作的陀螺转的时间短。

【环境创设】

1. 将幼儿制作的陀螺投放在环境区，让幼儿观察、探究。

2. 在科学区投放各种各样的纸张，引导幼儿动手制作陀螺，进一步探究。

【家园共育】

家长和孩子一起制作陀螺、玩陀螺，探究陀螺转得快慢的原因。

活动四：陀螺面的高低会影响转动时长吗

【活动目标】

1. 在玩陀螺时感知轴心位置的高低对旋转时长的影响。

2. 体验探究发现的乐趣。

【活动重点】

引导幼儿发现陀螺转盘低，旋转时间长；陀螺转盘高，旋转时间短。

【活动准备】

1. 经验准备：有自制陀螺的经验。

2. 物质准备：圆形纸片、木棍。

【活动过程】

一、导入环节

发现两个陀螺的陀螺面在轴心高低位置的不同。

教师：你们发现这两个陀螺有什么不同吗？哪里不一样？

幼儿：我的转盘高。

幼儿：我的转盘低。

二、主要环节

引导幼儿感知并发现陀螺轴心位置的高低对旋转时间长短的影响。

1. 幼儿猜想。

教师：猜一猜，转盘低的陀螺和转盘高的陀螺，谁转的时间长？

2. 出示记录表，幼儿进行猜想记录。

教师引导幼儿填写猜想结果，帮助幼儿明确操作任务。

教师：请小朋友拿出记录表，把自己的猜想结果记录下来。（画上标记）

3. 两个幼儿一组，一人拿转盘高的陀螺，一人拿转盘低的陀螺，幼儿操作并观察转动情况。

教师：通过比较，你们发现了什么？把你们的观察结果记录在表中吧！

三、结束环节

引导幼儿说出自己的发现，教师进行梳理总结。

教师：小朋友们刚才进行了对比实验，陀螺转盘位置不一样，转的时间长短一样吗？请照着你的记录表，说出你的结果吧。

幼儿：转盘低的陀螺转的时间长，转盘高的陀螺转的时间短。

教师：小朋友通过实验比较得出了结论，转盘位置低的陀螺转的时间长。

【环境创设】

将小朋友制作的陀螺、记录表、收集的有关陀螺的资料投放在主题环境区，以便小朋友主动发现、探索。

【家园共育】

请孩子在家里进行陀螺面高低的实验。

主题活动总结

基于幼儿的兴趣，教师引导幼儿开展了"小陀螺"这一主题活动。教师在幼儿已有经验的基础上，引导幼儿发现陀螺的面大多都是圆的。引导幼儿从陀螺面的高、中、低位置以及陀螺纸面的厚薄进行观察与实验，等等。让幼儿在实践活动中发现问题、观察比较、动手操作，从而解决身边遇到的问题，使得幼儿在生活中通过游戏积累有益的经验，在与原有经验的碰撞下建构新经验。中班幼儿已经能够对事物或现象进行观察比较，并发现其异同，同时提出自己的问题进行大胆猜想，感知事物和现象的基本特征。

主题活动点评

中班幼儿已经具有初步的主动探究意识，教师能根据幼儿的兴趣点，寻找适宜幼儿探究的切入点，一步步地引导幼儿边玩、边做、边想。幼儿在这个过程中体会了观察、发现比较、再发现的心理轨迹，从而激发了幼儿进一步探究的欲望，进而发展了幼儿的探究能力。

教师：张圣洁 卫 蕾

主题活动五：小菜园

主题活动由来

中班幼儿的有意行为开始发展，活动的自主性和主动性有了进一步发展，他们能够提出自己的想法，又有主动参与活动的热情和能力。他们活泼好动，积极运用感官去发现、探索。它们在活动中的专注性和持久性也有了比较明显的提高，但这种提高是源于他们感兴趣的活动，本节活动的产生恰恰源于孩子的兴趣……

一天午饭喝汤时，孩子们对汤里的菜叶产生了争论。

"汤里是白菜吧？"

"不是白菜，是菠菜，菠菜是细细的。"

孩子们对这个问题争论不休，最后把充满疑惑的目光投向了教师："老师，白菜也是青菜吗？""对呀！青菜有很多种，白菜和菠菜都是青菜，它们都是从种子长大的。我们也在咱们的种植园里种一些青菜好不好？"孩子们开心地应和着……于是，我们根据孩子们的兴趣和年龄特点开展了本次活动。

主题活动目标

1.情感目标：在收获、食用的活动过程中，了解收获的方法，感受收获的快乐和自豪；通过活动，产生愿意吃、喜欢吃青菜的意愿。

2.知识目标：能够发现小白菜、小油菜、菠菜的外部特征，进行观察比较，发现其相同点和不同点。

3.技能目标：在种植过程中，了解小白菜、小油菜、菠菜的种植方法及其生长所需的条件；知道小白菜、小油菜、菠菜会经历由种子萌发成幼苗，再到长叶、成熟等过程；能够发现三种青菜在不同阶段的变化，并尝试记录。

活动一：种植前的准备

【活动目标】

1.了解种植青菜前的准备。

2.能在遇到问题时积极想办法解决。

【活动重点】

知道种植前需要做松土、清地等准备。

【活动准备】

1.经验准备：孩子们吃过这些青菜。

2.物质准备：种植工具。

【活动过程】

一、导入环节

教师：小朋友，种植前我们要做些什么准备呢？

幼儿：我们要准备种植工具。

幼儿：我们要准备种子。

幼儿：我们还要准备资料。

教师：什么资料？

幼儿：得查查怎么种青菜。

二、主要环节

1. 分享交流经验。

第二天，孩子们来到幼儿园，把自己准备的种子、工具和查阅资料所得的相关经验和大家分享。

教师：小朋友们真棒，做了这么多准备，还带来了小油菜、小白菜、菠菜的种子，下面我们一起来种这三种青菜。

2. 种植。

教师：在种植前，我们需要松土、清理小菜园的垃圾。

孩子们在教师的带领下拿着工具来到小菜园，孩子们忙着拔草、清理，这时，孩子们遇到了困难……

幼儿：老师，菜地太硬了，铲不动。

教师：谁有办法使土地变松软点呢？

幼儿：我们浇点水吧，这样土就会变软，明天我们再来铲就可以了。

教师：好办法！我们可以试一试。

说完，孩子们接好水管来浇地。第二天我们又来松土。

幼儿：老师，浇过水的地果然好铲了。

三、结束环节

请小朋友大胆发言，说一说参加种植活动的体验，种植前需要做的准备。

【环境创设】

1. 在环境区投放一些植物生长的图片或图书，引导幼儿了解植物生长的过程。

2. 鼓励幼儿寻找一些种子带到班级环境区，和小朋友一起分享。

【家园共育】

家长为孩子准备有关蔬菜生长过程的图书，引导孩子了解蔬菜的生长过程，并和孩子一起查找种植蔬菜所需的材料和工具。

活动二：我来种青菜

【活动目标】

1. 了解种植菠菜、白菜、油菜的方法。

2.通过观察、比较，发现三种青菜（白菜、油菜、菠菜）种子的相同点和不同点。

3.乐意表达自己的想法和发现，体验参加种植青菜活动的快乐。

【活动重点】

了解种植菠菜、白菜、油菜的简单方法。

【活动准备】

1.经验准备：和爸爸妈妈搜集并了解了种植青菜的方法。

2.物质准备：菠菜、白菜和油菜的种子，种植工具。

【活动过程】

一、导入环节

观察种子，发现三种青菜种子的相同点和不同点（图27）。

教师：这三种青菜的种子是什么样的？

幼儿：它们的种子都是小小的。

幼儿：种子摸起来很硬。

教师：它们的种子一样吗？

幼儿：白菜和油菜的种子是一样的，都是黑黑的，菠菜的种子有点发白。

幼儿：白菜和油菜长出来的小苗会不会也一样呀？

教师：这三种青菜的种子都是小小的、硬硬的，白菜种子和油菜种子比较相似，菠菜的种子和它们是不太一样的。

图27

二、主要环节

教师：怎样种青菜呢？首先要做什么？

幼儿：我们要先挖坑，再把种子放进去。

幼儿：撒完种子，还要把土盖上，最后还要浇点水。

在种植过程中，孩子们又遇到了新问题，种子总是撒在坑外面，而且有的地方放的种子多，有的地方放的少。

教师：怎样撒种子才不容易撒到外面呢？

为了播好种，孩子们想出并尝试了各种方法。

三、结束环节

总结：在种植的时候要把种子放到坑里，一个坑里放3～4颗种子为宜，放好后用土把种子掩埋上。

【环境创设】

将幼儿参与种植的过程通过照片的形式记录下来，展示在主题墙上，帮助幼儿继续巩固种植经验。

【家园共育】

引导家长在活动后询问孩子参与种植活动的体验和收获。

活动三：小苗出来啦

【活动目标】

1.观察菜苗不同阶段的生长（叶形、叶片数）变化。

2.尝试用各种形式记录菜苗的外形特征。

3.愿意将自己的发现与同伴和老师进行交流。

【活动重点】

能观察到三种青菜小苗的形态变化。

【活动准备】

放大镜、记录表。

【活动过程】

一、导入环节

根据幼儿的发现，引发幼儿的观察和思考。

在孩子们的精心照顾下，小苗破土而出了。孩子们发现后，在菜园里欢呼起来。

幼儿：老师，快来看呀！青菜的小苗长出来了！

教师：哇！真的耶！

幼儿：白菜和油菜的苗长出来了，可是菠菜的苗好像没有长出来。

教师：为什么菠菜的没有长出来呢？

幼儿：菠菜应该长得慢一些。

教师：每种植物生长的速度是不一样的，我们再等等看。

二、主要环节

通过提问引导幼儿对比观察，发现小苗的形态特点。

教师：小朋友，我们一起来看看油菜和小白菜的小苗是什么样的吧。

幼儿：它们的小苗都是小小的。

幼儿：都有两片小叶子。

幼儿：小叶子圆圆的、绿绿的。

幼儿：菠菜和白菜的小苗果然是一样的。

孩子们一边说，一边用动作来表现小菜苗的样子。

这时，一位小朋友指着一棵小苗说：快看呀！菠菜也长出来了！这就是菠菜的小苗。

幼儿：这是草，不是小苗吧！

幼儿：如果是菠菜苗，我们拔掉就太可惜了。

教师：如果大家都不能确定这棵小苗是不是菠菜苗，就再观察一段时间。

第四天，第五天……小菜苗在孩子们的照顾下一天天长大，孩子们用小画笔记录着小苗的变化。

幼儿：老师，这个小小的、弯弯的小苗真的是菠菜的小菜苗，现在已经长大了，而且还多了很多小菜苗！

教师：真的是菠菜的小苗，幸好没有被我们当做小草拔掉。

幼儿：老师，菠菜的小苗像我们之前种的麦子，叶子是细长条的。

教师：白菜和油菜的小苗有变化吗？

幼儿：白菜和油菜的小菜苗长大了点，它的两片叶子打开了。

教师：随着它们的生长，小菜苗的样子也会发生变化。

八天后……

幼儿：老师，快来看呀！菠菜、白菜和油菜的叶子又有变化了，它们又长了两片叶子。

教师：是吗？现在有几片叶子了？

幼儿：现在它们都是四片叶子。

幼儿：菠菜多了两片有点宽的叶子。

幼儿：白菜和油菜也长出了两片椭圆形的叶子，新叶比以前的叶子大。

教师：白菜的叶子和油菜的叶子还是一样的吗？

幼儿：好像不太一样了。

教师：哪里不一样？

幼儿：油菜的叶子边上是圆圆的，白菜的叶子边像锯齿一样。

幼儿：白菜的叶子没有菠菜的叶子光滑。

教师：白菜叶子和油菜叶子的颜色一样吗？

幼儿：是一样的，都是绿色的。

幼儿：一个是深绿色，一个是浅绿色。

教师：这三种蔬菜叶子的形状有什么不同？

幼儿：菠菜叶子长长的、尖尖的，白菜和油菜的叶子都是椭圆形的。

三、结束环节

孩子们交流并整理自己的记录表，教师总结。

【环境创设】

将三种青菜不同时期的生长状态拍照记录下来，并制成生长过程图展示在主题墙上，帮助幼儿梳理小苗的变化。

【家园共育】

请家长带孩子参观农场和菜园，了解蔬菜的生长过程和生长环境。

活动四：菜叶上的洞洞

【活动目标】

1.在种植、管理、观察青菜的过程中，发展观察能力和动手实践能力。

2.通过观察发现青菜在生长过程中出现的问题，能主动想办法解决问题。

【活动重点】

能在菜苗出现异常时积极动脑分析原因，并尝试想出解决办法。

【活动准备】

小菜园。

【活动过程】

一、导入环节

带孩子们来到小菜园，引导孩子发现、思考问题。

幼儿：老师，菜叶上多了好多的小洞洞！

教师：真的耶！这是怎么回事呀？

幼儿：这一定是被虫子吃掉的。

幼儿：不能让虫子破坏我们的小菜园。

二、主要环节

1.探寻拯救菜苗的办法。

孩子们对怎样拯救小菜苗进行了讨论，最终他们决定去菜地里捉虫子。孩子们在菜地里找寻了很久，但是一无所获。

幼儿：一定是虫子吃饱跑掉了。

幼儿：也有可能虫子吃饱藏起来了。

幼儿：如果它再回来吃我们的菜怎么办呢？

幼儿：那我们可以喷点药，这样虫子就会被消灭掉。

幼儿：但是我们喷了药，菜就不能吃了。

教师：回家和爸爸妈妈一起想一想、找一找消灭虫子的方法吧。

2.第二天，孩子们来园后讲述各自的办法。一个孩子的奶奶跟着来到幼儿园。

奶奶：我今天来教你们做驱虫药水。

幼儿：奶奶，我们怎样做药水呀？

奶奶：我们用洗衣粉和肥皂，按照比例兑好水就可以了。

孩子们在奶奶的指导下，开始制作药水。

（1）将肥皂、肥皂丝或洗衣粉加水稀释。

（2）将制作的药水装入矿泉水瓶中，在瓶盖上钻出小孔。

孩子们拿着制作好的药水来到小菜园，开始为蔬菜"喷药"。

三、结束环节

一般蚜虫、介壳虫、粉虱等都可用肥皂水防治，而肥皂液流入土中对植物无害。如果是敏感的植物，可使用液态肥皂，如植物性洗碗液等可以减少植物发生盐害的情况。

【环境创设】

将孩子们的观察、制作过程用绘画或照片的形式记录下来，展示在主题墙上，为幼儿提供相互交流的空间。

【家园共育】

引导家长积极帮助孩子查找资料，探寻制作驱虫药水的办法，并实践制作。

活动五：收获喽

【活动目标】

1.在收获的过程中了解青菜的收获方法。

2.通过亲身收获，体验收获和分享青菜的快乐。

【活动重点】

知道收获青菜的方法。

【活动准备】

袋子、篮子等收菜工具。

【活动过程】

一、导入环节

教师：我们菜园里的青菜熟了，我们一起去收青菜吧！

教师：有的菜长大可以吃了，但有的菜苗还小，需要留着继续生长，我们应该选择哪些来收获呢？

幼儿：我们可以先把长大的拔掉，等小的菜苗长大点再拔。

幼儿：拔高一些的、叶子大一点的。

幼儿：我去准备塑料袋。

幼儿：把咱的篮子拿着装菜。

二、主要环节

到了小菜园，孩子们已经迫不及待地行动起来了。

教师：小朋友们，收菜的时候需要注意什么呢？

幼儿：拔得时候小心点，不能踩到别的菜。

幼儿：选择大棵的拔，不碰小的菜苗。

教师：我们需要用什么工具吗？

幼儿：不需要，我收过菜，用手拔起来就可以。

幼儿：老师，我拔起来一片叶子。

教师：我们是一片一片地拔，还是一整棵拔起来呢？

幼儿：要把根一起拔出来。

教师：怎样拔就可以拔起一整棵呢？

幼儿：用手抓住青菜的根部就可以了。

幼儿：用手把整棵青菜都抓住，然后拔出来。

幼儿：拔得时候得用力。

孩子们经过交流讨论后，开始尝试拔菜，一棵棵的青菜被拔出来，孩子们开心极了（图28～图29）。

图28　　　　　　　图29

三、结束环节

孩子们拿着收获的青菜来到了班里，和老师、同伴们进行了交流、探讨，然后把菜拿到食堂，交给了厨师叔叔，请他帮我们做一道菜。午饭时，孩子们品尝到了自己亲手种出来的青菜，脸上洋溢着满足的笑容。

【环境创设】

1. 将孩子们参与种植、收获、品尝蔬菜的过程用照片的形式记录下来，展示在主题墙上，引导幼儿体验收获的喜悦。

2. 将幼儿观察青菜成长的过程整理成表格，帮助幼儿梳理经验。

【家园共育】

对孩子来说，收获是很自豪的事情，家长结合幼儿园的活动，请孩子们讲一讲自己种植的体验。

主题活动总结

本活动源于孩子的兴趣，从活动过程中可以看到幼儿的主动性和积极性，从准备到种植，孩子们能够通过多种方式了解种植青菜需要做的准备。在种植过程中，教师通过提问引导幼儿积极发现问题，解决问题，孩子们通过交流和讨论掌握了种植的方法。面对小菜苗的成长变化，孩子们的观察兴趣更加浓厚。同时，教师鼓励幼儿用多种形式进行记录。孩子们能够细致地观察到叶子在不同阶段的变化。在拯救行动的过程中，孩子们产生了对青菜的保护欲，这也体现了他们对植物的爱护。

主题活动点评

幼儿在"认识种子—参与种植—管理观察—收获分享"一系列活动过程中，始终沉浸在积极主动的探索中。在教师的问题引导中，幼儿观察比较、积极思考的能力得以开启。教师鼓励孩子通过多种形式表达自己的想法，给予孩子探索和表达的空间。活动中，幼儿对三种青菜进行了细致地观察和分析。在照料管理的过程中，孩子们能及时发现问题，积极动脑想各种办法解决问题，可以看出孩子对生命的热爱和尊重。

教师：薛梅梅

主题活动六：蝴蝶

主题活动由来

一天上午，老师给小朋友们讲了《瑞比和毛毛虫》的故事，小朋友们对毛毛虫结茧、茧裂开后飞出蝴蝶的事情感到非常好奇。户外活动时，几个幼儿在大树下发现了一只毛毛虫，他们纷纷猜测，这只毛毛虫会不会变成蝴蝶呢？其他幼儿也围拢过来，讨论起毛毛虫和蝴蝶之间的关系。回班后，教师组织了关于蝴蝶的谈话，由此确定了这一主题活动。

主题活动目标

1. 情感目标：能够细致观察周围事物，喜爱动物。

2. 知识目标：初步了解蝴蝶的生长过程及特点。

3. 技能目标：能够观察、寻找、照顾毛毛虫。

活动一：关于蝴蝶的谈话

【活动目标】

对蝴蝶有初步的认知，对毛毛虫变蝴蝶的现象感兴趣。

【活动重点】

提出对蝴蝶的问题。

【活动准备】

1. 经验准备：幼儿以前从故事中了解过蝴蝶。

2. 物质准备：《小熊维尼》里《瑞比和毛毛虫》的故事。

【活动过程】

一、导入环节

教师讲故事《瑞比和毛毛虫》。

教师：你对蝴蝶有哪些了解？你还想知道关于蝴蝶的哪些知识？

幼儿：所有的毛毛虫都能变成蝴蝶吗？

幼儿：毛毛虫越大，变的蝴蝶就越大吗？

幼儿：毛毛虫可以变蝴蝶，蝴蝶可以变成毛毛虫吗？

幼儿：蝴蝶和毛毛虫，它们到底是怎么变的？

幼儿：为什么蝴蝶老吃花粉？

二、主要环节

引导幼儿想办法解决自己提出的问题。

教师：小朋友提出了这么多问题，我们用什么样的方法去寻找答案呢？

幼儿：回家找书查资料。

幼儿：在户外看到蝴蝶可以观察观察。

幼儿：让爸爸妈妈带着去看蝴蝶展。

幼儿：我们可以饲养一只毛毛虫，看它是不是可以变成蝴蝶。

三、结束环节

教师：小朋友说了那么多寻找答案的方法，有问家长的，有从书上找的，有从电脑网络上找的，有想去看蝴蝶展的，还有的想饲养毛毛虫，这些方法都非常好。那就请小朋友按自己的想法去寻找答案吧，之后我们再来分享。

【环境创设】

搜集有关蝴蝶的图书、标本等资料，投放在主题环境区，供幼儿观看、参考。

【家园共育】

向家长介绍即将开展的活动，请他们帮助孩子寻找有关蝴蝶的资料，为幼儿解答有关蝴蝶的问题。

活动二：认识蝴蝶

【活动目标】

1.对蝴蝶感兴趣，了解蝴蝶的生长过程及特点。

2.体验分享知识和经验的快乐。

【活动重点】

了解蝴蝶的生长过程及特点。

【活动准备】

1.经验准备：幼儿自己寻找有关蝴蝶的资料。

2.物质准备：幼儿带来自己找到的蝴蝶资料，教师带来的蝴蝶标本。

【活动过程】

一、导入环节

出示各种有关蝴蝶的资料。

教师：今天小朋友都带来了自己从家里找到的有关蝴蝶的图书、资料，老师带来了蝴蝶的标本，我们一起看一看吧。

二、主要环节

1.第一次分享资料，初步认识蝴蝶。

（1）幼儿自发地观看大家带来的有关蝴蝶的图书资料。

（2）教师讲述书上有关蝴蝶的知识（图30）。

图30

①蝴蝶吃什么？

蝶类幼虫的取食对象因虫种而各有不同。大多数幼虫嗜食叶片，有些种类，例如花粉蝶嗜食花蕾，还有一些种类蛀食幼果，此外有少数种类的幼虫是肉食性的，例如蚧灰蝶嗜食咖啡蚧，竹蚜灰蝶专以竹蚜为食，这种肉食性的种类在蝶类中是并不多见的益虫。

大部分蝴蝶吸食花蜜。就吸食花蜜的蝴蝶来说，它们不仅吸花蜜，而且爱好吸食某些特定植物的花蜜，例如蓝凤蝶嗜吸百合科植物的花蜜，菜粉蝶嗜吸十字花科植物的花蜜，而豹蛱蝶则嗜吸菊科植物的花蜜。部分不吸食花蜜的蝴蝶如竹眼蝶吸食无花果汁液，大紫蛱蝶吸食病栎、杨树的酸浆，还有一部分蝴蝶会吸食葡萄的肉。

②蝴蝶身上为什么有好看的花纹？

蝴蝶身上的花纹一般色彩鲜艳，翅膀和身体上有各种花斑可以炫耀，以此吸引异性蝴蝶；也可以模仿环境，隐蔽自己。

③蝴蝶的寿命多长？

蝴蝶的寿命长短不一，寿命长的可达11个月，寿命短的只有两三个星期。一般来说，蝴蝶成虫的寿命约有两星期，假如把整个生活史（卵、幼虫、蛹、成虫）计算在内，寿命约有一个多月。冬季出生的蝴蝶寿命较长。

2.第二次分享资料，加深对蝴蝶的认识。

（1）请幼儿说说蝴蝶的主要特征。

（2）观看蝴蝶生长变化图。

教师：蝴蝶的种类很多，头上有眼睛和细长的触角，身体有两对美丽的翅膀，三对足，传花粉，是昆虫。

（3）教师介绍蝴蝶的生长过程。

①卵：蝴蝶的卵一般为圆形或椭圆形，表面有蜡质壳，防止水分蒸发，一端有细孔，是精子进入的通路。不同品种的蝴蝶，其卵的大小差别很大。蝴蝶一般将卵产于幼虫喜食的植物叶面上，为幼虫准备好食物。

②幼虫：幼虫孵化出之后，主要就是进食，要吃掉大量的植物叶子。幼虫的形状多样，多为肉虫，少数为毛虫。蝴蝶危害农业主要在幼虫阶段。随着幼虫生长，一般要经过几次蜕皮。

③蛹：幼虫成熟后要变成蛹，幼虫一般在植物叶子背面隐蔽的地方，用几条丝将自己固定住，之后直接化蛹，无茧。

④成虫：蛹成熟后，从蛹中破壳钻出，但翅膀还很软，不能飞。这时的蝴

蝶无法躲避天敌，处在危险期。翅膀舒展开后，蝴蝶就可以飞翔了，蝴蝶的前后翅不同步扇动，因此蝴蝶飞翔时波动很大，姿势优美，翩翩起舞就是形容蝴蝶的飞翔。一般蝴蝶成虫交配产卵后就在冬季到来之前死亡，但也有的品种会迁徙到南方过冬。

三、结束环节

1.观察标本，欣赏各式各样的蝴蝶。

2.将蝴蝶吃什么及蝴蝶的生长过程展示在环境中。

【环境创设】

1.将毛毛虫的一生用图片的形式展示出来，引导幼儿探究、思考。

2.在图书区投放关于毛毛虫的图书，让幼儿进一步了解毛毛虫。

【家园共育】

家长带孩子去户外寻找毛毛虫和蝴蝶，观察它们的身体特征、生活环境、生活习性等。

活动三：寻找毛毛虫

【活动目标】

到户外寻找毛毛虫，观察、研究并尝试记录。

【活动重点】

结合书中的经验寻找毛毛虫。

【活动准备】

1.经验准备：在书本上了解过毛毛虫的知识。

2.物质准备：户外大树下。

【活动过程】

一、导入环节

户外活动时，孩子们趴在几棵大树下，认真地寻找、观察黑色的毛毛虫。

二、主要环节

1.大树坑里有许多黑色的毛毛虫，小朋友仔细地观察。

幼儿：老师，您看，这儿有好多毛毛虫。

教师：是的，各种各样的。

幼儿：老师，你看它还动呢。

教师：它是怎么动的？

幼儿：它的身子一弯一弯的。

教师：它的身子是弓起来向前移动的。

2.小朋友纷纷猜测这种毛毛虫会不会变成蝴蝶。

幼儿：老师，蝴蝶就是它变的吧。

教师：我也不知道是不是这种黑色毛毛虫变的。

幼儿：咱们拿回班观察好不好？

因为在资料里，幼儿知道了蝴蝶的生长过程是：卵→毛毛虫（幼虫）→蛹→蝴蝶，所以一看到毛毛虫就想去观察。有小朋友提议拿回班里观察，老师同意并与小朋友一起抓了几只黑色的毛毛虫放在班里的玻璃缸里，供大家观察。

三、结束环节

幼儿每天都去自然角观察毛毛虫，等待着毛毛虫变成蝴蝶。教师引导幼儿在注意观察毛毛虫变化过程的基础上，观察记录毛毛虫每天的变化。

【环境创设】

将毛毛虫每天的变化记录下来，张贴在墙上。

【家园共育】

家长和孩子一起收集各种各样的毛毛虫图片，猜一猜它们能变成什么。

活动四：毛毛虫能变成蝴蝶吗

【活动目标】

观察毛毛虫的变化过程，知道毛毛虫的发展变化。

【活动重点】

根据已有经验探究毛毛虫的生长变化。

【活动准备】

幼儿园的菜园里有菜叶和毛毛虫。

【活动过程】

一、导入环节

教师和小朋友来到幼儿园的种植角，观察园子里的各种蔬菜。这时，很多小朋友都发现绿绿的白菜叶上有很多小窟窿。

幼儿：老师，这菜上有好多的洞洞。

教师：是呀，为什么呢？

幼儿摇摇头说：不知道。

教师：你问问食堂伯伯呀。

幼儿指着菜叶上的洞洞问伯伯：伯伯，怎么菜叶上有这么多洞洞呀？

伯伯指着菜叶子上的洞洞说：这是虫子咬的。

二、主要环节

1. 教师引导幼儿观察菜叶。

教师：这是什么虫子咬的？

幼儿：是蝴蝶的幼虫咬的吧。

小朋友马上想到在资料里看到的蝴蝶的幼虫是吃菜叶的，所以想这可能是蝴蝶的幼虫咬的。

教师：我们在菜叶上找找吧。

教师和小朋友们在叶子上找虫子。果然，在叶子上找到了一些大小不同的绿色毛毛虫。教师和小朋友一起抓了几条虫子、摘了几片菜叶带回班里。

幼儿：咱们把毛毛虫和菜叶放在花盆里吧！

2. 引导幼儿猜想毛毛虫会变成什么。

教师：小朋友，你觉得咱们这回捉的绿色毛毛虫会变成什么呢？

幼儿：会变绿蝴蝶吧。

幼儿：书上说绿色毛毛虫会变成菜粉蝶，因为菜粉蝶爱吃菜叶。

教师：那我们慢慢观察吧。

三、结束环节

1. 毛毛虫变成淡绿色的茧。

周一来到幼儿园后，小朋友发现绿虫子不见了，而在花盆底下发现一个菱形的淡绿色的茧。

幼儿：老师，这个茧里会飞出蝴蝶吗？

教师：咱们等等看吧！

因为这与我们在书上看到的是一致的。教师和小朋友们决定要看看这个茧里会不会飞出真正的蝴蝶。

2. 茧变空壳了。

可是几天过去了，茧仍然没有什么变化。等新的一周来园后，我们发现茧已经变成了一个空壳。

幼儿：老师，茧变成空壳啦。

幼儿：空壳掉到桌子边上了。

幼儿：是变成蝴蝶飞走了吧。

幼儿：哎呀，我们没看见蝴蝶，它就飞走了。

教师：没关系，明年我们再继续观察，我们再来查查资料。

【环境创设】

请小朋友收集各种各样的蝴蝶图片，将它们展示在主题墙上，猜一猜它们是由哪类毛毛虫变来的。

【家园共育】

教师将整个活动过程展示出来，请家长参观，听取他们对活动过程及成果的感想和意见。

主题活动总结

从喜欢毛毛虫、对毛毛虫感兴趣，到发现毛毛虫、观察毛毛虫，再到最后主动去找能变成蝴蝶的绿色毛毛虫，观察到与书中一模一样的空壳。整个过程幼儿都是积极、主动的状态。在与幼儿共同回顾活动的过程中，教师引导幼儿积极表述自己在活动中的感受，又帮助幼儿对整个活动有了一个较为系统、清晰的认识。

主题活动点评

在引导幼儿观察毛毛虫的变化过程中，培养了幼儿的探究意识。尽管这次观察活动持续了很长时间，但看到以前未知的问题有了答案，小朋友和教师都非常高兴，大家一起总结，使答案更加清晰、明确，幼儿也更有成就感。

教师：卫 蕾

主题活动七：神奇的磁铁

主题活动由来

在玩自制玩具"磁铁小刺猬"和"奔腾的小马"时，孩子们对于用磁铁吸住小铁屑来当小刺猬身上的刺和小马因磁铁同性相斥而在草地上"奔跑"的现象非常感兴趣。在玩游戏的时候，孩子们发现了磁铁的许多特性。在此基础上，教师引导幼儿开展了这一主题活动。

主题活动目标

1.情感目标：在玩磁铁玩具时愿意深入探究磁铁的特性。

2.知识目标：通过操作活动发现并了解磁铁的一般特性。

3.技能目标：能在沙子中找到小铁屑；能灵活地玩多种磁铁玩具并做简单的磁铁实验。

活动一：磁铁玩具真好玩

【活动目标】

1.在玩磁铁玩具时进一步感受磁铁吸铁的现象。

2.在游戏遇到问题时，能够想办法解决问题。

【活动重点】

体会不同磁铁玩具的感受。

【活动准备】

1.经验准备：幼儿有玩磁铁玩具的经验。

2.物质准备：教师自制的多种磁铁玩具。

【活动过程】

一、导入环节

幼儿玩磁铁玩具：小鱼游、钓小鱼、小动物找家、磁铁小刺猬等。

二、主要环节

鼓励幼儿熟悉磁铁玩具的玩法，发现简单的磁铁特性，并愿意探究磁铁玩具的不同玩法。

1.小鱼游。磁铁小鱼在铁桶上转，体现磁铁吸铁的特性。

幼儿：小鱼真神奇，自己在铁桶上转。

幼儿：小鱼为什么会自己转呢？

教师：你看看小鱼的身体下面有什么东西？

幼儿：有一块磁铁。

教师：那为什么会转呢？

幼儿：因为铁桶是铁的，磁铁能吸铁，所以就转起来啦。

2.小蝌蚪找妈妈。隔着透明塑料板，拿着一块磁铁从下面吸住上面带铁片的"小蝌蚪"，拉着来回移动。体现磁铁隔物吸铁的特性。

幼儿：我隔着塑料板也能让小蝌蚪找到妈妈。

教师：为什么呢？

幼儿：磁铁隔着东西也能吸铁。

教师：噢，说明磁铁能隔物吸铁呀。

3.磁铁小刺猬。用磁铁在板子下面来回移动板子上面的小毛毛，将小毛毛移到刺猬身上。

幼儿：这个小刺猬玩具真好玩。

教师：你为什么觉得好玩呢？

幼儿：我用磁铁棒隔着板子吸上面的小毛毛，这些小毛毛真的像刺猬身上的小刺。

教师：这些小毛毛为什么会动呢？

幼儿：不知道。

教师：刺猬身上的小毛毛是磁铁吗？还是铁块？

幼儿：不是磁铁也不是铁块。那刺猬身上的小毛毛是什么呀？

教师：你觉得呢？

教师把这个问题又抛给了孩子们，引导孩子们思考。

三、结束环节

1.幼儿多玩几种不同的磁铁玩具，幼儿对于磁铁能吸铁和磁铁能隔物吸铁的特性有了进一步了解。

2.提出幼儿发现的问题。

教师：小朋友刚才在玩小刺猬玩具时有一个问题，他不知道刺猬身上的小毛毛是什么，你们知道吗？

幼儿：不知道。

教师：我们下次来探究一下吧。

【环境创设】

教师将不同的磁铁玩具投放在活动区中，将幼儿玩磁铁玩具的照片展示在环境中。

【家园共育】

家长为孩子准备几种磁铁小玩具，和孩子一起探究磁铁的特性。

活动二：刺猬身上的小毛毛是什么

【活动目标】

遇到问题时，能积极运用猜想、发现、尝试、实验、验证等方法寻找答案。

【活动重点】

通过回顾磁铁的特性，得出小毛毛是铁屑的结论。

【活动准备】

1.经验准备：有玩铁屑玩具的经历。

2.物质准备：小铁屑。

【活动过程】

一、导入环节

1. 猜一猜刺猬身上的小毛毛是什么？
2. 画一画刺猬身上的小毛毛。

二、主要环节

找一找刺猬身上的小毛毛。

教师：小毛毛是老师在户外的沙坑中用吸铁石找到的。请小朋友跟着老师到幼儿园的沙坑里找一找吧。

教师：小朋友你们看，我从沙子里拿出来的磁铁上有什么？

幼儿：有黑的东西。

幼儿：老师，你看我找到了黑色的小毛毛。

幼儿探究的具体表现：逸烽小朋友在沙土里寻找小毛毛的时候最专注，他反复地在沙子里尝试，搓一搓、抖一抖、看一看、问一问，又像在自言自语，俨然一个小科学家，在用他自己的方式和方法寻找着答案。

三、结束环节

1. 引导幼儿回顾教师带小朋友们到沙坑里用吸铁石去找小毛毛的情景。

2. 为了帮助幼儿直观地感知和理解小毛毛是什么，教师把实物摆出来并跟小朋友一起做了一个实验。实验后，教师将实验过程展示在环境中。

教师：磁铁能吸铁，磁铁还能吸磁铁。铁和铁能吸上吗？

幼儿：铁和铁不能吸上。

教师：我们来做个实验吧！这是小毛毛，这边是磁铁，这边铁球，我们用毛毛跟磁铁吸（吸上了），我们再用毛毛跟铁球吸（吸不上），请小朋友想一想，小毛毛可能是什么呢？

幼儿：小毛毛是铁。

教师：对，吸铁石能吸起小毛毛，所以小毛毛是铁，因为很小，所以叫铁屑。

根据探究，大家得出结论：刺猬身上的小毛毛是铁屑。

【环境创设】

教师将幼儿猜想小毛毛及在沙坑里寻找小铁屑的照片展示在环境中。

【家园共育】

在家中准备磁铁，家长和孩子一起玩游戏，利用磁铁捉迷藏、找东西。

活动三：会排队的小铁屑

【活动目标】

1. 观察发现小铁屑在不同形状的磁铁上的排列方式。

2.通过观察发现磁铁的磁力两头强中间弱的规律。

【活动重点】

通过观察磁铁上铁屑分布的规律，发现磁铁的磁力两头强中间弱的规律。

【活动准备】

1.经验准备：幼儿有玩多种磁铁玩具的经验，知道小铁屑是铁。

2.物质准备：各种形状的磁铁，如圆形、环形、条形、U形磁铁。

【活动过程】

一、导入环节

观察各种形状的磁铁。

教师：说说这些磁铁都是什么形状的？

幼儿：一半红一半蓝的是长条磁铁。

教师：这样的磁铁叫条形磁铁。像字母U的磁铁就叫U形磁铁。我们一共找到了四种磁铁：圆形、环形、条形、U形磁铁。

二、主要环节

1.引导幼儿根据问题猜想：小铁屑在磁铁上是怎么排队的。

教师：不同形状的磁铁能让小铁屑排队吗？会排成什么样的队呢？

幼儿：排成一排，像小朋友站队一样。

2.操作实验：引导幼儿使用四种磁铁吸铁屑。

3.观察验证：引导幼儿记录自己的实验结果。

教师：小铁屑排队有什么特点？

幼儿：小铁屑在U形磁铁的两头多，中间少。

幼儿：条形磁铁的中间只有一点点小铁屑，但两头多。

幼儿：圆形磁铁是边上多。

幼儿：环形磁铁也是边上多。

教师：小铁屑会吸附在条形磁铁的两端；小铁屑会排在U形磁铁的两端；小铁屑排在圆形和环形磁铁的边上多。不同形状的磁铁会让小铁屑排成不一样的形状。

三、结束环节

1.观察完毕，幼儿发现磁铁吸铁屑后是两头的铁屑多，中间的铁屑少。

2.引导幼儿进行猜想。

教师：为什么磁铁吸铁屑时是两头多、中间少呢？

猜想后，教师和小朋友分别去寻找答案。最后教师查找资料并综合大家的观点，帮助幼儿总结梳理经验，得出结论。

教师：磁铁的磁力是两头强中间弱，磁力线是从N极向S极传递。所以两头吸的铁屑多，中间吸的铁屑少。

【环境创设】

教师将不同形状的磁铁吸铁屑的图展示在环境中，引导幼儿观察、发现并得出结论。

【家园共育】

和孩子一起看书、查资料，了解磁铁的种类，认识磁铁的特性和用途。知道磁铁有正负两极。

活动四：磁力小车

【活动目标】

1.观察磁铁两头不同的颜色和字母。

2.发现磁铁同性相斥、异性相吸的特性。

【活动重点】

在观察的基础上，发现磁铁同性相斥、异性相吸的特性。

【活动准备】

1.经验准备：幼儿有玩各种磁铁玩具的经验。

2.物质准备：各种形状的磁铁，如圆形、环形、条形、U形磁铁。

【活动过程】

一、导入环节

幼儿自由玩"磁力小车"。

在反复操作和游戏的过程中，引导幼儿对磁铁有新的认识。

二、主要环节

提问：你发现了什么现象？

幼儿：有的小车能连在一起，有的小车连不上。

提问：为什么呢？

幼儿：字母不一样。

幼儿：一个蓝的、一个红的能吸上。

幼儿：长条上有一个N，一个S，把吸铁石拿出来，能看见有S和N。

三、结束环节

教师通过展示磁铁梳理幼儿的发现。

教师：磁铁有红蓝两色，两头有字母N和S，同色吸不上，不同色能吸上，这就是磁铁同性相斥、异性相吸的特性。

【环境创设】

教师将游戏材料投放在科学区中，引导幼儿在活动区时间继续探索磁力小车。

【家园共育】

请家长了解并配合主题活动的开展，为孩子寻找其他有关磁铁的玩具，继续为孩子解释心中的疑惑。

主题活动总结

幼儿科学学习的核心是激发探究兴趣，体验探究过程，发展初步的探究能力。教师要充分利用幼儿实际生活中的机会，引导幼儿通过观察、比较、操作、实验等方法，学习发现问题、分析问题和解决问题。"神奇的磁铁"这一活动来源于生活中的现象和问题，教师根据幼儿的兴趣，以问题为导向，引导幼儿充分地感知和体验。如在玩磁铁玩具"磁铁小刺猬"时，发现小毛毛能被磁铁吸起来，但不知道小毛毛是什么。于是教师抓住这个问题，引导幼儿进行探究，帮助幼儿不断积累经验，并运用于学习生活中。

主题活动点评

幼儿的科学学习是在探究具体事物和解决实际问题的过程中，尝试发现事物间的异同和联系的过程。中班幼儿能够对事物或现象进行观察比较，并发现其异同，同时提出自己的问题，大胆地猜想，感知事物和现象的基本特征。如在玩"磁铁小车"游戏后，知道了磁铁同性相斥、异性相吸的特性，教师引导幼儿在玩具坏了的时候，运用自己的已有经验解决实际问题。教师在本班幼儿年龄特点和实际发展水平的基础上，引导幼儿发现、尝试、探究，解决实际问题，提高幼儿的自信心，帮助幼儿及时地分享和梳理经验，并展示在环境中。教师尊重幼儿的思维特点是以具体形象思维为主，注重引导幼儿通过直接感知、亲身体验和实际操作进行科学学习。

教师：卫 蕾

135

第三节 大班探究式科学主题活动案例

主题活动一：奇妙的镜子

主题活动由来

镜子是我们生活中必备的日用品，且人们对它的利用越来越广泛。在幼儿的日常生活中，镜子也是随处可见。睡眠室、盥洗室，甚至幼儿园大厅天花板上，都有镜子的"踪迹"。幼儿每次经过幼儿园大厅时都会仰起头，看着镜子里倒立的自己哈哈大笑。进入大班后，幼儿逐渐对周围的事物表现出强烈的好奇心和探究兴趣，一些明显的、有趣的现象往往能引发他们的注意，但缺乏主动探究的意识。为了培养幼儿发现问题、解决问题的探究精神与能力，本学期在幼儿兴趣的基础上，以"镜子"为载体开展主题活动，通过一系列有价值的探索活动丰富幼儿关于"镜子"的经验。

主题活动目标

1. 情感目标：

（1）愿意参加探究活动，体验探究的乐趣。

（2）在探究和发现的过程中，体验成就感。

2. 知识目标：

（1）通过观察和探究，了解镜子的基本特征。

（2）通过探究，了解镜子与玻璃的区别。

（3）通过操作，发现双面镜夹角大小与成像数量之间的关系。

（4）通过观察发现哈哈镜的特性。

（5）通过探究发现哈哈镜的镜面与成像之间的关系。

3. 技能目标：

（1）丰富有关镜子的多种经验，锻炼综合分析能力。

（2）培养发现问题、解决问题的探究意识与能力。

活动一：我见过的镜子

【活动目标】

1. 了解镜子的用途，知道镜子是生活中常见的物品。

2.能在游戏中发现问题，有探究兴趣。

3.通过操作，发现平面镜成像的特点。

【活动重点】

了解镜子的特点和用途。

【活动准备】

每人一面镜子、纸张、水彩笔。

【活动过程】

一、开始环节

用谜语引入话题，引发幼儿参与活动的兴趣与积极性。

教师：你哭它也哭，你笑它也笑。脸上脏不脏，看它就知道。请小朋友们猜一猜，它是什么？（镜子）

二、主要环节

1.教师引导幼儿回顾在生活中见到的镜子。

教师：你都在哪里见过镜子？

2.引导幼儿跟镜子做游戏。

教师：这两天小朋友都从家里带来了镜子，我们期待已久的玩镜子游戏开始啦。

幼儿：我在家照镜子了，我做什么动作，镜子里的我就做什么动作。

教师：镜子除了能照出人，还能照到什么？

发现一：镜子能照到自己。

发现二：镜子能照到很多物体。

发现三：镜子能反光。

三、结束环节

教师引导幼儿进行梳理和总结，了解生活中常见的镜子的作用。

四、延伸活动

鼓励幼儿将自己的想法通过绘画的形式表现出来，之后与同伴分享自己的作品。

【环境创设】

1.图书区：将有关镜子的图书放置图书区供幼儿翻阅。

2.科学区：将镜子放置在科学区供幼儿探索。

【家园共育】

鼓励家长与孩子一起搜集身边的镜子，开展关于镜子的游戏，感知镜子的特性。

活动二： 镜子与小鱼

【活动目标】

1.通过操作，发现两面平面镜间的角度变化与小鱼数量之间的关系。

2.喜欢参与探究活动，发展观察能力。

【活动重点】

了解两面平面镜间的角度越小，所成小鱼影像数量越多；反之，两面平面镜间的角度越大，所成小鱼影像数量越少。

【活动准备】

1.经验准备：知道镜子能够反射出影像。

2.物质准备：折镜、记录表、小鱼玩具。

【活动过程】

一、导入环节

回顾已有经验，激发幼儿参与活动的欲望。

教师：之前我们在区域活动时发现折镜能够照出小鱼，有的小朋友还能照出很多小鱼，那今天我们一起来试一试，怎样能照出更多的小鱼。

提问：

（1）把镜子放在小鱼的前面，会出现什么现象？

（2）猜一猜，镜子张开的嘴巴变小，会出现什么现象？

二、主要环节

幼儿操作，初步了解两面平面镜间的角度变化与所成小鱼影像数量之间的关系。

1.幼儿第一次操作，发现两面平面镜间的角度发生变化，所成小鱼数量也会发生变化的现象。

提问：

（1）当镜子张开的嘴巴变小时，出现了什么现象？（镜子里的小鱼数量发生变化）

（2）镜子张开的嘴巴越小，镜子里小鱼的数量是越多还是越少？

（3）幼儿再次操作并记录，初步了解两面平面镜间的角度大小与所成小鱼影像数量之间的关系。

2.教师介绍记录表的使用方法，为幼儿获得两面平面镜间的角度大小与所成小鱼影像数量之间的关系这一经验做准备。

3.教师巡视指导，重点引导幼儿按照记录表上的标记线调整两面平面镜的角度。

4.教师引导幼儿交流操作结果。引导幼儿发现两面平面镜间的角度越小，所成小鱼影像数量越多；反之，两面平面镜间的角度越大，所成小鱼影像数量越少。

提问：

（1）小镜子站在红线上的时候，小镜子里出现了几条小鱼？

（2）小镜子站在黄线上的时候，小镜子张开的嘴巴是变小还是变大了？这时小镜子里出现了几条小鱼？比刚才镜子里的小鱼多了还是少了？

（3）小镜子站在蓝线上的时候，小镜子张开的嘴巴是变小还是变大了？这时小镜子里出现了几条小鱼？比刚才镜子里的小鱼多了还是少了？

梳理：两面平面镜间的角度越小，所成小鱼影像数量越多；反之，两面平面镜间的角度越大，所成小鱼影像数量越少。

【环境创设】

科学区：补充镜子数量与小动物，便于幼儿多次操作与感知。将幼儿的活动照片展示在科学区中。

【家园共育】

家长可以在家与孩子共同玩游戏，巩固感知镜子夹角的大小与小动物成像数量的关系。

活动三：镜子和玻璃哪里不一样

【活动目标】

1.能够搜集到幼儿园里的镜子。

2.能够区分镜子和玻璃，讨论镜子和玻璃的区别。

【活动重点】

1.观察镜子和玻璃，能表达出二者的不同。

2.通过观察，发现玻璃是透明的，镜子有一面是不透明的。

【活动准备】

1.经验准备：对镜子的特点有一定的了解，提前搜寻幼儿园里的镜子。

2.物质准备：镜子、玻璃。

【活动过程】

一、导入环节

教师介绍活动主题，以搜寻的情境直接切入活动。

教师：我们要在幼儿园里搜寻镜子，你们知道幼儿园哪里有镜子吗？

在实地搜寻的过程中，鼓励和引导幼儿主动发现有镜子的地方。

在幼儿较为熟悉的生活环境中，幼儿寻找到很多面镜子，但也出现了问题，如幼儿认为消毒柜、门上的玻璃也是镜子，因此引发了之后的活动——镜子和玻璃的区别。

二、主要环节

镜子和玻璃的区别。

教师：消毒柜、门上的玻璃是不是镜子？

讨论：小朋友，想一想镜子和玻璃有哪些不一样的地方。

幼儿通过视觉、触觉比较镜子和玻璃。

幼儿：镜子只能照东西，而玻璃不能照东西。

幼儿：玻璃也可以照东西，就是照得不清楚。

幼儿：玻璃是透明的，镜子不是透明的。

幼儿：玻璃能看到对面的东西，镜子不能看到对面的东西。

三、结束环节

教师引导幼儿进行活动小结，帮助幼儿梳理观察过程中的发现，提升经验。

【环境创设】

1.将搜寻的镜子以及不同的发现展示出来。

2.将幼儿画的作品展示在大板子上。

3.师幼共同搜集小块玻璃放置在科学区，便于幼儿再次感知与操作。

【家园共育】

1.带领孩子在比较熟悉的场所寻找镜子，进一步了解镜子的用途。

2.引导孩子通过多种途径了解镜子与玻璃的不同，丰富孩子对镜子与玻璃的认知。

活动四：镜子能变成玻璃吗

【活动目标】

1.能够大胆实践自己的猜想。

2.体验参与实践活动的快乐。

【活动重点】

大胆实践自己的猜想。

【活动准备】

1.经验准备：明确了镜子和玻璃的特点。

2.物质准备：剪刀、毛巾、牙签、镜子。

【活动过程】

一、导入环节

引导幼儿回顾有关镜子与玻璃的相关经验，引出本次活动的主题。

教师：上次通过讨论，我们知道了镜子与玻璃不一样的地方，还提出了一个疑问——镜子能变成玻璃吗？那小朋友，你们认为镜子能变成玻璃吗？

二、主要环节

1.教师：如何去掉镜子背面银灰色的那层东西？

幼儿进行大胆猜想并表述出来。

幼儿：用刀子刮掉。

幼儿：用水泡，软了再用牙刷刷。

幼儿：用毛巾擦掉。

2.出示剪刀、毛巾、牙签等工具，引导幼儿明确操作方法及注意事项。

教师：哪位小朋友愿意说一说你所选择的方法需要哪些材料？怎样使用这些材料？应该注意什么？

3.幼儿选择适宜材料，运用自己的方法进行操作。

三、结束环节

1.通过尝试，幼儿发现镜子背面那层东西很结实，用刀子才可以去掉。

2.新发现：去掉镜子背面的东西，镜子变得透明了，透过镜子，也可以看到对面的物体，只是没有玻璃那么清晰。

【环境创设】

将幼儿实施"镜子变玻璃"的方法和过程展示在主题墙上。在活动区投放相应的探究材料，引导幼儿继续探究。以照片、绘画等形式表征幼儿的探究过程与发现，丰富主题活动墙饰。

【家园共育】

与家长共同操作，探究更多可以将镜子变成玻璃的方法。

活动五：　镜子大搜寻——幼儿园外面的镜子

【活动目标】

1.能够搜集到幼儿园外面的镜子。

2.初步认识凸面镜。

【活动重点】

了解凸面镜的特点。

【活动准备】

经验准备：教师提前搜寻幼儿园外面的镜子。

【活动过程】

一、导入环节

教师介绍活动主题，以搜寻的情境直接切入活动。

教师：小朋友们在幼儿园里搜寻到了镜子，那今天我们要去幼儿园外面搜寻镜子。

二、主要环节

1.讨论并确定实地搜寻的场地。

教师引导幼儿讨论实地考察的地点，参考幼儿的意见，确定实地搜寻的场地。

2.实地搜寻。

在实地搜寻的过程中，鼓励和引导幼儿主动发现有镜子的地点。

3.寻找马路上的镜子，进行对比观察。

教师：马路转角镜和我们平时用的镜子有什么不一样？

幼儿：凸面镜是鼓鼓的，平面镜是平的。

幼儿：我发现凸面镜把我照的有点小。

教师：是吗，我们照照试一试。

幼儿：我觉得凸面镜能照出很多的东西，平面镜照的就少。

幼儿：让我比较一下。

两个孩子的讨论和谈话引起了其他幼儿的好奇心，很多幼儿也参与进来，一起观看比较。

三、结束环节

根据幼儿的已有经验，教师帮助幼儿进行梳理和总结，明确幼儿的认知水平和兴趣点。

【环境创设】

1.将拐弯处的马路进行情境再现，给予幼儿直接的感知。

2.师幼共同搜集小块玻璃，放置在科学区，便于幼儿再次感知与操作。

【家园共育】

请家长了解孩子对于马路转角镜的已有经验，并在日常生活中进一步引导和启发，引发孩子对马路转角镜的探究兴趣，丰富相关经验。

活动六：平面镜能安在马路拐角处吗

【活动目标】

1.进一步了解凸面镜的特征。

2.能够说明凸面镜和平面镜的区别。

【活动准备】

1.经验准备：对平面镜和凸面镜有了初步的认识。

2.物质准备：创设马路拐角处的场景和墙饰。

【活动过程】

一、开始环节

教师：小朋友们，我们班里创设了一个马路拐角处的场景，请你们思考一下，平面镜能安在马路拐角处吗？为什么？

二、主要环节

教师：平面镜安在马路拐角处会怎么样？

幼儿：平面镜也能照人，但是照的人少。

幼儿：爸爸说凸面镜可以帮助我们看清楚很多车。

幼儿：把上次我们班发现的那个凸面镜安在马路拐角处，就是让司机叔叔们看到后面的车，避免发生事故。

三、结束环节

通过教师引导，幼儿初步观察和发现了马路转角镜的特性：镜面是鼓鼓的，镜子安装在马路转弯的位置，有一个像帽檐一样的边，镜子可以帮助我们看清车辆和行人……通过对比观察，幼儿进一步了解了凸面镜的特性，了解了凸面镜和平面镜的区别。

【环境创设】

将情景再现，供幼儿模拟感知。

【家园共育】

家长和孩子再次共同感知、操作。

主题活动总结

活动借用幼儿园里的小车进行游戏，以情景剧的方式，在拐角处进行模拟，引导幼儿观看拐角处的平面镜与凸面镜，比较哪个镜子照出的车辆比较多。引导幼儿讨论：司机能看到后面的车辆，有什么好处？对于交通有什么影响？幼儿容易想到的是避免发生事故，拐弯处本身就存在看不到的地方，所以凸面镜能帮助司机看到更多的东西。平面镜也能帮助司机看到东西，但是与凸面镜相比，还是凸面镜照的东西多。

主题活动点评

在活动过程中，幼儿通过操作和探究，逐渐解决了在生活、活动中发现的问题，丰富了有关镜子的科学经验，并且培养了发现问题、解决问题的科学精神。

主题活动在开展过程中，注重预设和生成的有机结合。能够根据幼儿的具体问题有针对性地进行引导，如发现幼儿对玻璃和镜子的经验发生混淆时，开展相应的活动，使幼儿感知镜子的特性，明确镜子的概念，使主题活动在符合幼儿发展水平的基础上步步深入。

教师：郭小艳　任丽静

主题活动二：水的魔力

主题活动由来

幼儿对身边的一切都充满了好奇，喜欢接触新事物，经常问一些与新事物有关的问题。大班幼儿对事物和现象已有了观察和比较意识，能发现其中蕴含的简单科学道理。五六月份，天气逐渐变热，在这个季节开展水的主题探究活动活动比较适宜。教师希望幼儿在活动中体验玩水的快乐；通过与水的互动，逐步丰富关于水的感知经验。

主题活动目标

1. 情感目标：通过玩水，感知物体的沉浮现象，体验探究的快乐。

2. 知识目标：通过操作，发现物体沉浮与它的材质、重量、形状等特性有关。

3. 技能目标：能够在教师的指导下开展沉浮实验。

活动一：哪个球能浮起来（一）

【活动目标】

1. 对物体的沉浮现象感兴趣，并喜欢探索。

2. 知道物体的沉浮跟它的材质有关。

3. 能够认识和区分各种小球的材质。

【活动重点】

知道泡沫、木头、玻璃、铁等材质的小球放入水里后，有的浮起来，有的沉下去。

【活动准备】

泡沫球、木球、玻璃球、铁球、青蛙水槽、触摸袋等。

【活动过程】

一、导入环节

教师：触摸袋里东西多，请你来摸一摸、猜一猜里面有什么？

请幼儿依次摸一摸袋子里的东西，教师提问：里面是什么？

二、主要环节

1.探究球的材质。

教师：小朋友，你们看一看、数一数有几个小球？

幼儿：4个。

教师：你们说一说这些小球一样吗？

幼儿：有相同的地方，也有不同的地方。

教师：谁来说一说它们哪里相同？

幼儿：它们都是圆的，大小也相同。

教师：小朋友看看它们哪里不相同？

幼儿：有的是木球，有的是玻璃球。

教师：你说的是它们的材质，另外两个球是用什么东西做的？

幼儿：一个是铁球，是金属做的。

幼儿：白色的球是用泡沫做的。

教师：小朋友发现4个球的材质是不一样的，有木球、玻璃球、铁球、泡沫球。

教师：4个球还有什么地方不一样？

幼儿：有的球轻，有的球重。

教师：球的轻重也是不一样的。你们发现哪个球最重？哪个球最轻？

幼儿：玻璃球是最重的，泡沫球是最轻的。

教师：你们还发现了什么？

幼儿：球的软硬也不一样。

2.讨论。

教师：小朋友，你觉得将这4个小球放入水里后，哪些可以浮在水面上？

幼儿：都可以浮在水面上。

教师：为什么呢？

幼儿：因为它们都是圆的。

教师：你觉得圆的可以浮在水面上。

幼儿：木球可以浮在水面上。

教师：为什么呀？

幼儿：因为我和妈妈划船的时候，小木船是浮着的。

教师：小木船是用什么做的？

幼儿：木头。

教师：木球是用什么做的？

幼儿：木头。

教师：你认为木球和木船都是用木头做的，因为木船可以浮在水面上，所以木球也可以浮在水面上，是吗？

幼儿：对。

教师：是不是像小朋友想的一样呢？我们一起来玩一玩，看看这些小球放入水里后，会发生什么有趣的现象？

3.沉浮实验。

将小球放入水里。

教师：哪个球可以浮在水面上？

幼儿：泡沫球比较轻，可以浮在水面上。

教师：你还发现了什么？

幼儿：木球也可以浮在水面上。

教师：哪个球沉下去了？

幼儿：铁球沉下去了。

教师：说一说为什么？

幼儿：铁球比较重。

教师：你还发现了什么？

幼儿：玻璃球和铁球一样，也沉下去了。

三、结束环节

教师：哪些小球放入水里后能浮在水面上？

幼儿：泡沫球和木球可以浮在水面上。

教师：哪些小球放入水里后沉到了水底？

幼儿：铁球和玻璃球沉到了水底。

教师：为什么？

幼儿：因为它们比较重。

小结：在沉浮游戏中，我们发现泡沫球和木球比较轻，可以浮在水面上，但铁球和玻璃球比较重，放入水里后会沉下去。小球能不能浮在水面上跟它的材质、轻重是有关系的。

【环境创设】

请幼儿将活动过程和活动发现用绘画或文字的形式记录下来，展示在主题墙饰上。

【家园共育】

小朋友回家后，和家长一起找一找、看一看，还有什么物品可以在水中浮起来，找到后把它带到幼儿园和小朋友一起探究。

活动二：哪个球能浮起来（二）

【活动目标】

1. 对物体的沉浮现象感兴趣，并喜欢探索。

2. 认识塑料、木质、PC板等材料，知道这些材质的物品可以浮在水面上。

3. 能说出物品放入水里后的沉浮现象。

【活动重点】

通过实验发现有的物品，如塑料片、塑料球、木质小玩具等是浮起来的，有的物品，如玻璃球、铁扣子等不能浮起来。

【活动准备】

水槽、幼儿搜集的物品。

【活动过程】

一、导入环节

教师：小朋友，你还记得上次我们玩沉浮游戏时都把哪四个小球放到了水里吗？

幼儿：泡沫球、木球、玻璃球、铁球。

教师：把小球放入水里后发现了什么？

幼儿：泡沫球和木球可以浮在水面上。

教师：还发现了什么？

幼儿：铁球和玻璃球沉到了水底。

二、主要环节

1.鼓励幼儿大胆介绍搜集的物品，并猜测它们能否浮在水面上。

教师：请小朋友说一说，你都带来了哪些物品，猜猜它们能浮在水面上吗？

幼儿：我带来的是塑料小球和小鸭子，它们是可以浮起来的。

教师：为什么呢？

幼儿：因为它们是在水里玩的。

教师：你来捏一捏、掂一掂，有什么感觉？

幼儿：它们和泡沫球一样，很轻。

幼儿：我有小木夹、泡沫球和塑料板。

教师：你猜猜它们能浮在水面上吗？

幼儿：我觉得可以。

教师：你看看它们有什么相同的地方？

幼儿：它们都是轻的。

2.把物品放在水槽里，进行观察实验。

教师：请小朋友把搜集的物品一件一件地放入水槽里，看一看哪些物品浮上来了，哪些物品没有浮上来。想一想有没有办法让沉下去的东西浮起来？

三、结束环节

根据幼儿分类的结果与幼儿分享实验发现。

教师：你发现了什么？什么物品是浮在水面上的？

幼儿：塑料夹和小积木是浮在水面上的。

幼儿：塑料插片是浮在水面上的，铁扣子沉下去了。

幼儿：石头原来是沉下去的，放在塑料夹和PC板上就沉不下去了。

小结：今天我们用了很多的东西玩沉浮游戏。小朋友们发现像塑料片、塑料球、木制小玩具等材质的东西是能浮在水面上的，像石头、玻璃球等不能浮起来的东西，小朋友把它放在塑料夹和PC板上也可以浮起来了。

【环境创设】

1.在科学区投放相应的材料，引导幼儿玩一玩。

2.在图书区投放关于沉浮的图书，引导幼儿翻阅、查看。

【家园共育】

家长和小朋友一起做沉浮实验：把在家找到的物品放在水槽里试一试，看看能不能浮起来。

活动三：它们不一样重，能都浮起来吗

【活动目标】

1.通过实验，知道物体的沉浮与它的重量有关系。

2.提升观察能力，发展探索求知的精神。

【活动重点】

知道物体的沉浮与它的重量有关系。

【活动准备】

水，秤，颜色、大小相同，重量不同的蛋若干。

【活动过程】

一、导入环节

教师：看看这是什么？

幼儿：蛋宝宝。

教师：看看两个蛋宝宝一样吗？

幼儿：一样。

教师：谁来说一说它们什么地方一样？

幼儿：它们的颜色一样，都是粉色的。

幼儿：它们都像鸡蛋一样，是椭圆形的。

二、主要环节

1.猜想讨论。

教师：如果把两个蛋宝宝放入水里会怎么样呢？

幼儿：会浮在水面上。

教师：我们一起去试一试、玩一玩吧。

教师：你看到了什么？

幼儿：一个蛋宝宝浮在水面上，一个蛋宝宝沉到了水底。

教师：这是为什么呢？

幼儿：两个蛋宝宝一个轻、一个重。

教师：你是怎么知道的？

幼儿：我掂出来的。

教师：请小朋友拿起两个蛋宝宝来掂一掂，看看哪个轻、哪个重？

教师：除了用手掂，还可以用什么方法能知道蛋宝宝的轻重呢？

幼儿：可以用秤称一称。

2.玩玩做做。

游戏前猜想：它们不一样重，能都浮起来吗？

幼儿尝试：谁沉谁浮。

教师：请你把它们轻轻地放到水里，仔细观察，谁沉谁浮？

结论：轻的蛋宝宝漂浮在水面上，重的蛋宝宝沉落水底。

三、结束环节

教师总结：物体的沉浮跟它的重量有关。

【环境创设】

将幼儿的探索过程用照片或绘画的形式记录下来，展示在主题墙上。

【家园共育】

家长和孩子共同探索沉浮的原理。

活动四：变形的铝箔纸能沉下去吗

【活动目标】

1.通过实验了解铝箔纸改变形状后在水中的沉浮状态。

2.对探究水的浮力感兴趣。

【活动重点】

了解物体的沉浮与形状的关系。

【活动准备】

铝箔纸、水、统计表。

【活动过程】

一、导入环节

用话语引导幼儿回顾已有经验。

教师：通过上一次的沉浮实验，小朋友发现物体的沉浮跟什么有关系呀？

幼儿：重量。

教师：小朋友猜一猜，物体的沉浮跟它的形状有关系吗？

二、主要环节

1.认识铝箔纸。

教师：你知道这是什么材料吗？

幼儿：我见过这种纸，我家厨房的墙上有这种纸。

幼儿：我妈妈烤鸡翅的时候也用过这种纸。

教师：这是铝箔纸，你们摸一摸有什么感觉？

幼儿：它很轻，抖一抖能发出"哗啦""哗啦"的声音。

幼儿：铝箔纸很软，像糖纸一样。

教师：铝箔纸是用金属做的，它和其他的金属不一样，很轻、很软。

教师：你们觉得把铝箔纸放在水中，它会沉下去还是会浮上来？

幼儿：会浮上来。

教师：为什么呢？

幼儿：因为铝箔纸很轻、很软，所以它会浮上来。

教师：你们有什么办法能让会浮的铝箔纸沉下去呢？

幼儿：我可以用手把它按下去。

幼儿：我能让它变形。

教师：你想让铝箔纸变成什么形状呢？

幼儿：我想让它变成小船的形状。

教师：会浮的铝箔纸变形后是不是能沉下去呢？我们一起去试一试吧！

2.幼儿操作并观察铝箔纸在水中的沉浮现象。

教师：将铝箔纸平着放进水里，它是沉下去还是浮上来了？

幼儿：它是浮上来的。

教师：你可以把它变成什么形状？（一位幼儿用手将铝箔纸捏成一团放进水里）

教师：它是沉下去还是浮上来了？

幼儿：还是浮着的。

教师：你再试一试，想办法把它沉下去。

幼儿：把它变成长方形。

教师：长方形的铝箔纸在水中沉下去了吗？

幼儿：没有。

教师：怎样才能让它沉下去呢？你再试一试。

幼儿：老师我在铝箔纸小船上放了水，我发现它慢慢沉下去了。

幼儿：我在铝箔纸小船上放上橡皮泥，它就能沉下去了。

三、结束环节

幼儿相互分享自己的发现，将结果记录到验证记录中。

教师：铝箔纸平着放、捏成一团或变成小花、小船时都会浮在水面上，但是把铝箔纸变成的小花、小船上面装满水后，增加了它的重量，还是可以沉下去的。

【环境创设】

在环境区投放一些易变形的物品，请幼儿探究这些物品在变形前和变形后在水里的沉浮情况。

【家园共育】

家长和幼儿一起探索物体沉浮与其体积的关系。

活动五：变形的橡皮泥能浮起来吗

【活动目标】

1.通过实验了解橡皮泥改变形状后在水中的沉浮状态。

2.初步感受橡皮泥的沉浮与其形状的关系。

【活动重点】

感受橡皮泥的沉浮与其形状的关系。

【活动准备】

水箱、橡皮泥。

【活动过程】

一、导入环节

最近皮皮蛙和爸爸一起乘轮船去了趟奶奶家，这是皮皮蛙第一次坐轮船，它特别兴奋，只是有一点它不明白，它问爸爸："为什么轮船是铁做的，还能在海上航行呢？怎么不会沉到水底呢？为什么铁做的小球就会沉到水底呢？"爸爸听了皮皮蛙的这个问题，什么话也没说，只拿出一样东西给皮皮蛙，让它自己去寻找答案。我们一起来看看是什么东西吧。

二、主要环节

1.认识橡皮泥。

教师：这是什么？

幼儿：橡皮泥。

教师：橡皮泥可以用来做什么？

幼儿：橡皮泥可以用来捏东西。

教师：你觉得把橡皮泥放在水中，是沉还是浮？

幼儿：会沉。

教师：为什么？

幼儿：因为橡皮泥重。

教师：你们说得对，但是我们能不能想办法让沉的橡皮泥浮起来呢？

2.观察橡皮泥变形后在水中的沉浮现象。

教师：你把橡皮泥变成了什么形状？

幼儿：小球。

教师：把橡皮泥团成球放进水中，橡皮泥是沉下去还是浮上来了？

幼儿：沉下去了。

教师：再想想办法让沉的橡皮泥浮起来。（一位幼儿先将橡皮泥团成圆球，然后压成圆片放到水里，橡皮泥还是沉下去了。反复几次后，他将圆片周边翘起来，弄成小碗的样子，橡皮泥浮起来了）

三、结束环节

幼儿相互分享自己的发现。

教师：怎样可以让橡皮泥浮在水面上？

幼儿：橡皮泥变成小船能浮在水面上。

幼儿：我把橡皮泥的旁边都翘起来，橡皮泥就沉不下去了。

幼儿：我发现把橡皮泥变成小碗也能浮在水面上。

教师：有的小朋友把橡皮泥变成了小船，有的把它变成了小碗，还有的小朋友把橡皮泥的旁边都翘起来了，橡皮泥的什么改变了？

幼儿：形状。

小结：橡皮泥团成球放在水中会沉到水底，我们改变了橡皮泥的形状，将它捏成了小船或小碗的样子，橡皮泥就会浮起来了。

【环境创设】

把幼儿探究的过程记录下来，并在环境区投放一些橡皮泥供幼儿继续操作、探究。

【家园共育】

家长和孩子一起查阅资料，进一步了解物体沉浮的原理。

活动六：我能控制沉浮吗

【活动目标】

1.能通过添加或减少瓶中的水量来控制瓶子在水中的沉浮状态。

2.能用沉、浮描述自己看到的科学现象。

【活动重点】

能用沉、浮描述自己看到的科学现象。

【活动准备】

水箱、瓶子若干、布。

【活动过程】

一、导入环节

教师：我是魔术师，今天我给小朋友带来了一个神奇的魔术。数一数我这儿有几个瓶子？

幼儿：3个。

教师：请一个小朋友上来看一看，这三个瓶子一样吗？

幼儿：一样。（仔细地检查了三个瓶子）

教师：你们猜猜这三个瓶子放在水里，会发生什么有趣的现象？

幼儿：会浮在水面上。

教师：为什么呢？

幼儿：因为这是塑料瓶。

幼儿：塑料的瓶子轻。

教师：小朋友都认为瓶子会浮在水面上，结果是不是像小朋友猜想的那样呢？现在请你们闭上眼睛。

（教师在三个瓶子里分别装上不同量的水并把它们放进水里，然后请幼儿睁开眼睛）

教师：谁来说一说你看到了什么？

幼儿：有的瓶子浮着，有的瓶子沉到了水底。

教师：一样的瓶子为什么会停在不一样的位置呢？

幼儿：不知道。

二、主要环节

教师：小朋友们当魔术师，看看能不能让瓶子停在不一样的位置呢？

幼儿：好。

教师：你发现了什么？

幼儿：瓶子不装水时，浮在水面上。

幼儿：瓶子装满了水，沉到了水底。

教师：想想这是为什么？

三、结束环节

教师：瓶子不装水时，里面有空气，空气很轻，所以瓶子浮起来了。装满水时，瓶子里没有空气，加重了瓶子的重量，所以瓶子沉下去了。

教师：小朋友想一想，瓶子为什么会漂浮在中间？

幼儿：瓶子里面有一半空气，一半水，所以瓶子漂浮在中间。

【环境创设】

教师引导幼儿搜集探究沉浮的操作材料，多多益善，投放在科学区。

【家园共育】

鼓励孩子回家后和爸爸、妈妈一起继续玩控制沉浮的游戏，进一步尝试和探究。

活动七：水中大力士——浮力

【活动目标】

1. 知道水的浮力可以使弹簧秤上的弹簧收缩。

2. 对探究水的浮力活动感兴趣，并从中体会到快乐。

【活动准备】

1. 经验准备：感知过物体的沉浮现象，生活中见过弹簧秤的使用。

2. 物质准备：弹簧秤、橡胶球。

【活动重点】

知道将重物挂在弹簧秤上，放入水中，弹簧秤上的弹簧会向上收缩。

【活动过程】

一、导入环节

认识弹簧秤。

教师：这是什么？

幼儿：弹簧秤。

教师：它是干什么用的？

幼儿：称东西的。

教师：看看弹簧秤上有什么？

幼儿：弹簧、钩子。

幼儿：红色指针和数字。

教师：不拉动弹簧秤的时候，红色指针指向哪里？

幼儿：0。

教师：向下轻轻拉动挂钩，你发现弹簧秤上的弹簧和指针有什么变化？

幼儿：弹簧变长了，指针动了。

教师：轻轻放开手时，弹簧和指针又有什么变化？

幼儿：弹簧变短了，指针又回到了"0"。

二、主要环节

1. 称一称。

教师：将小球挂在挂钩上，观察弹簧秤的弹簧和指针有什么变化？

幼儿：弹簧变长了，指针动了。

教师：指针指向的数字说明了什么？

幼儿：它告诉我们小球有多重。

教师：弹簧秤是用来称东西的，上面有弹簧和刻度，在没有称东西之前，弹簧秤上的刻度是指向"0"的。放上东西之后，弹簧会被拉长，红色刻度指向的数字就是东西的重量。

2. 把小球放在水里称一称。

幼儿实验，教师引导幼儿观察弹簧秤在水中的变化。

教师：我们把挂有小球的弹簧秤放入水中，看一看弹簧秤上的弹簧会有变化吗？

幼儿：小球放入水中后，弹簧秤上的弹簧向上收缩了。

幼儿：指针指的数字也变了。

教师：变大还是变小了。

幼儿：变小了。

教师：说明小球在水里测量的时候变轻了还是变重了？

幼儿：变轻了。

教师：将挂在弹簧秤上的小球放入水中，弹簧秤上的弹簧会向上收缩，说明是水的一种力量向上托着小球，使小球变轻了，所以指针也变动了，这种力量就是水的浮力。

三、结束环节

幼儿进行交流，分享自己的发现。

【环境创设】

1. 创设供幼儿展示主题活动进程的主题墙壁。

2. 在科学区投放关于探究水的沉浮的相关材料。

【家园共育】

将主题活动延伸到家庭，取得家长的配合，请家长全过程支持孩子的探究行为。

主题活动总结

在这一主题活动中，幼儿通过玩一玩、看一看、想一想发现了物体的沉浮现象，感受到物体的沉浮与它的材质、重量、形状等方面的关系。幼儿在探究的过程中真正地体验到发现的乐趣,引发了他们强烈的探究欲望。

"水的魔力"重点是发展幼儿的观察、比较、分析、判断等能力,在操作的过程中,幼儿在前期经验的基础上,在教师材料的支持以及语言的引领下,对新事物的探究引发了新的思考,尝试运用自己已有的认知经验,解决在探究过程中遇到的新问题。实际操作探究有效地发展了幼儿的想象能力、推理、判断能力、实际动手操作能力等,促进了幼儿多方面的发展。

主题活动点评

《指南》中指出,幼儿的科学学习是在探究具体事物和解决实际问题的过程中,尝试发现事物间的异同和联系的过程。幼儿科学学习的核心是激发幼儿的探究兴趣,体验探究过程,发展幼儿初步的探究能力,使幼儿形成良好的探究意识和探究精神。

教师通过观察发现幼儿喜欢玩水,并以此为探究内容,开展了"水的魔力"主题活动,通过"哪个球能浮起来""它们不一样重,能都浮起来吗""变形的铝箔纸能沉下去吗""变形的橡皮泥能浮起来吗""我能控制沉浮吗"等相关活动,使幼儿在探究的过程中通过一系列有趣的游戏,体验和发现物体的沉浮现象,感受物体的沉浮跟它的材质、重量、形状等多种因素的关系。

活动过程中,教师主题思路清晰、目标明确。主题环境的创设简单、明了,有效地帮助幼儿梳理和提升了"水"的相关经验。

教师:刘 维

主题活动三:有趣的迷你种植

主题活动由来

在幼儿园的种植活动中,每个幼儿都是园地的小主人,是活动的主导者。在种植园,幼儿可以自由地观察、发现,可以按照自己的想法去操作、去探究,帮助他们有效地获得对周围世界的感性认识。有趣的种植活动可以培养幼儿的观察力、动手操作能力以及探究能力,激发幼儿对于自然和科学现象的兴趣,提高幼儿学科学的求知欲、自信心。

主题活动目标

1.情感目标:

(1)喜欢参加种植活动,体验种植活动的快乐。

(2)初步养成良好的责任感和任务意识。

2.知识目标：

（1）初步了解种子和植物的对应关系。

（2）通过种植活动，感知、了解植物生长的过程。

3.技能目标：

（1）能用观察、绘画、测量等方法记录植物的生长变化。

（2）初步学会简单的种植方法。

活动一：猜猜它是什么种子种出来的

【活动目标】

1.通过观察，初步了解种子和植物的对应关系。

2.萌发对种植活动的兴趣。

【活动重点】

了解种子和植物的关系。

【活动准备】

有关种植水果种子的相关资料及图片，一盆火龙果迷你植物，每桌一盘苹果、梨、火龙果、橘子、柚子、桂圆等水果的种子。

【活动过程】

一、导入环节

展示火龙果迷你植物。

教师：小朋友，你们喜欢它吗？

幼儿：喜欢！

教师：说说你喜欢它的什么？

幼儿：绿绿的，感觉很清新。

幼儿：毛茸茸的很可爱。

教师：你们知道它是用什么东西种出来的吗？

幼儿：不知道。

教师：它是用我们小朋友经常吃的一种水果的种子种出来的。

幼儿：水果的种子还能种？

二、主要环节

1.认识种子家族：每桌一盘苹果、梨、橘子、桂圆等水果的种子。

教师：你们看一看桌子上有什么？

幼儿：这些都是水果的种子吧？

教师：是，你们知道这是什么水果的种子吗？

幼儿：这是橘子里面的核儿。

教师：对，这是橘子核儿。

教师：请小朋友看一看、说一说这是什么水果的种子？

幼儿：这是火龙果的种子。

教师：火龙果的种子是什么样子的？

幼儿：小小的、黑黑的，像芝麻一样。

幼儿：我发现有的是白芝麻，有的是黑芝麻。

教师：你看得很仔细，这是两种水果，一种是火龙果，还有另外一种水果，猜猜是什么？

幼儿：我看它像草莓上面的"芝麻"。

教师：你说对了，草莓的种子也是小小的，颜色稍微浅一些。

教师：你们再看看这是什么水果的种子？

幼儿：苹果的种子。

幼儿：这是梨的种子。

教师：你们觉得这两种水果的种子一样吗？

幼儿：它们的形状一样。

幼儿：苹果的种子有点小，梨的种子稍微大一点。

教师：你们看看这个圆圆的是什么水果的种子？

幼儿：这是桂圆。

教师：这是桂圆还是桂圆核儿？

幼儿：桂圆核儿。

教师：为什么是桂圆核儿，而不是桂圆？

幼儿：桂圆肉是白白的，是可以吃的，里面的核儿是黑黑的，不能吃。

教师：我们吃过的很多水果里面都有核儿，它们的颜色、形状、大小都是不一样的。

2.讨论。

教师：现在知道刚才你们看到的植物是用哪种水果的种子种出来的了吗？

幼儿：火龙果。

教师：对，这是用火龙果的种子种出来的。

幼儿：太神奇了！小小的黑点能长出绿色的小苗苗。

教师：你们知道人们为什么要把吃过的水果核儿种出来吗？

幼儿：种下去会长出小苗苗，小苗苗绿绿的，很好看。

幼儿：小苗苗还能让我们房间里的空气变得清新。

教师：绿色的植物既能使室内的空气变得清新，还能美化我们的生活环境，愉悦人们的心情。

三、结束环节

教师：水果的种子可以种植，如果我们把它种在土里，它又会生根、发芽、长出新的植物，结出更多的果实。

幼儿：太好了，我们也把这些种子种起来吧！

教师：好啊！小朋友想一想要把这些种子种出来，需要准备一些什么呢？

【环境创设】

1.在植物角摆放一些迷你植物，供幼儿观察、探讨。

2.在科学区投放一些植物种子，引导幼儿进一步了解种子和植物的关系。

【家园共育】

通过微信家长群等让家长了解本期的活动主题，引导幼儿多观察、多探究，并准备几盆小绿植。

活动二：巧取种子

【活动目标】

1.乐于与教师、同伴一起从水果中取种子。

2.通过操作，知道取种子、给种子换水等简单方法。

【活动重点】

了解如何分离水果的种子和果肉。

【活动准备】

师幼共同收集的柚子、橘子、火龙果、桂圆等水果，塑料盆，盘子，纱布等。

【活动过程】

一、导入环节

教师：看看今天我们都带来了什么水果？

幼儿：柚子、橘子、火龙果、桂圆。

二、主要环节

教师：我们怎样才能把水果中的种子取出来呢？

幼儿：先把果皮剥掉，种子就能取出来了。

教师：小朋友取种子的时候需要注意什么呀？

幼儿：要小心地剥，不要把种子弄坏了。

幼儿：剥出的种子要放在盘子里。

教师：果肉怎么办呀？

幼儿：放在另外一个盘子里。

教师：果肉什么时候吃呀？

幼儿：等剥完了种子，大家一起分享。

教师将四种水果分别摆放，幼儿根据自己的爱好和兴趣选择水果取种子。

（剥橘子的小朋友在取种子时比较容易，能自己把种子顺利地取出来；剥柚子的小朋友看到厚厚的柚子皮，能主动请老师帮忙用刀子在柚子的表皮上划些道子，也取出了种子；桂圆组的小朋友们发现桂圆核儿的尾巴上有白白的果肉，需要把它剥离干净；火龙果组的小朋友取种子时，发现了难以解决的问题，火龙果的种子太小了，用手将果肉揉碎后，滑溜溜的种子和果肉混在了一起，不好拣出来，这可怎么办呢？）

教师：火龙果的种子又小又多，怎样才能把它取出来呢？

幼儿：可以把它放在纱布里挤一挤。

幼儿：可以用小筐筛一筛。

幼儿：可以在盆里放点水，种子就会漂起来的。

教师：你们想到了这么多的好办法，试一试能不能把种子取出来呢？

幼儿通过尝试，发现把火龙果的种子放在水盆里的方法比较好，种子能够顺利地取出来了。

三、结束环节

教师：今天小朋友自己动手把水果种子取出来了，真能干！为了小种子能快快长大，我们要把种子放在水里泡一泡。

四、延伸活动

泡种子。

【环境创设】

在图书区投放一些有关种子的图书或其他资料，引导幼儿进一步了解水果的种子。

【家园共育】

在家吃水果时，引导孩子将种子收集起来，仔细观察并发现它们的不同。

活动三：为种子安家

【活动目标】

1. 通过探究，知道给种子换水的方法。

2. 认识花盆，初步了解花盆底部的小洞以及托盘等部件的用途。

3. 在观察、比较、发现的过程中体会探究的乐趣。

【活动重点】

了解为什么大多数花盆底部有小洞洞，有的花盆没有。

【活动准备】

剥好的柚子、橘子、桂圆等水果的种子，塑料、陶瓷等不同材质的实物花盆（底部有洞、有托盘），班级中的自然角。

【活动过程】

一、导入环节

出示剥好泡着的种子，提出问题。

教师：小朋友能不能说一说这两天是怎么给种子换水的？

幼儿：先把种子捞起来放在另外一个盆里，然后把脏水倒掉。

幼儿：接上一盆新水，再把种子放回去。

教师：你们给种子换水的方法真好，在给种子换水时有没有发现问题？

幼儿：有的种子溜走了。

教师：倒水的时候怎样才能不让种子溜走呢？

二、主要环节

1. 不一样的小花盆。

教师：种子准备好了，它需要有个家呀！我们把它种在哪里呀？

幼儿：花盆里。

教师：我们班里的自然角有许多花盆，我们看一看这些花盆，再为种子选择小花盆好不好？

幼儿：有的花盆是梯形的，有的是圆形的，还有的是小动物形状的。

幼儿：有的花盆是白色的，有的是黄色的，还有的是蓝色的。

教师：小朋友观察得很仔细，发现了花盆的不同之处。这些花盆除了形状、大小和颜色是不一样的，还有什么不一样？

幼儿：有木头花盆，有瓷花盆，还有用塑料做的，花盆的材质不一样。

幼儿：老师，我发现小花盆下面有个洞。

幼儿：是所有的花盆上都有洞吗？

教师：我们一起来找一找吧！（幼儿通过观察班里的花盆，发现花盆底部都有洞）

教师：我们班里的小花盆底部都有洞，但是家里的、外面的花盆是不是也都有洞呢？

全班幼儿一致认为是，只有一名幼儿持反对意见。

幼儿：我家的水仙花就是养在水里的，花盆上没有洞。

教师：你是怎么知道花盆上没有洞的？

幼儿：花盆里有水呀！要是有洞，水不就流出来了吗？

教师：你说的有道理，我们之后再看一看还有什么花的花盆上没有洞。

2. 花盆上为什么要有洞？

教师：花盆上为什么要有洞？它有什么用处呢？

幼儿：是让小花呼吸用的。

幼儿：浇花时水会从洞里流出来。

教师：如果花盆的底部没有洞可以吗？想想为什么？

幼儿：不可以，没有洞，水就流不出来了。

教师：为什么要让花盆里的水流出来？

幼儿：花不能喝太多水，会把花泡死的。

教师：花盆底部的洞方便小花呼吸，浇花时水会从洞里流出来，花盆里就不会存水了。

教师：托盘是干什么用的？

幼儿：花盆里的土和水会流到托盘里。

教师：如果没有托盘，浇花的时候，花盆里的水会怎么样？

幼儿：就会流到窗台上，把窗台弄脏。

三、结束环节

教师：我们要种植，首先要有小花盆，小朋友挑选花盆的时候要根据小花的需要选花盆，不需要很多水的小花要选择底部有洞、有托盘的花盆，离不开水的小花要选择没有洞的花盆。

幼儿选好小花盆，利用已有的种植经验把种子种进小花盆。

【环境创设】

1. 收集有关花盆的图书或其他资料，摆放在图书角供幼儿观看、查阅。

2. 在植物角摆放几个花盆，引导幼儿观察。

【家园共育】

家长引导幼儿观察家里的盆栽，了解不同花盆的特点。

活动四：怎样照顾小种子

【活动目标】

1.知道照顾种子的几种方法。

2.知道怎样照顾种子，喜欢照顾小种子。

【活动重点】

知道照顾种子的方法。

【活动准备】

种有水果种子的花盆。

【活动过程】

一、导入环节

教师：你的小种子发芽了吗？

幼儿：没有。

教师：小种子为什么没有发芽？

幼儿：小种子长得慢。

幼儿：我们好好照顾小种子，它就会早点发芽的。

二、主要环节

教师：你们知道应该怎样照顾小种子吗？想一想有什么办法？

幼儿：多浇水。

教师：为什么要多浇水呢？

幼儿：小种子不渴了，就会快快长大。

幼儿：喝多了水也不行，会撑死的。

教师：那我们应该浇多少水？

幼儿：土湿了就行，不能浇得太满。

幼儿：也不能太少，量杯上有刻度，我们可以试一试。

幼儿：不能让水从托盘里流出来。

教师：给种子浇适量的水，小种子就容易发芽了。

教师：小朋友还有什么照顾小种子的方法呢？

幼儿：看的时候不能用手动。

幼儿：让种子晒太阳，也会帮助小种子很快发芽。

幼儿：还需要给小种子上肥料。

教师：给种子施肥，这个方法也可以让种子更快发芽。

三、结束环节

教师：让种子晒太阳、浇适量的水、给种子施肥，这些方法都有利于种子的生长，回家以后小朋友可以问问爸爸妈妈有什么好办法帮助小种子发芽，再来幼儿园和小朋友一起分享吧。

【环境创设】

请幼儿将自己选取种子、照顾小种子的过程用绘画或其他方式记录下来，贴在主题墙上，回顾、总结经验。

【家园共育】

家长在家里种植几盆迷你植物，和孩子一起照顾、观察。

活动五：我发现了

【活动目标】

1. 能在同伴面前用语言或记录等方式表达自己种植的观察和发现。

2. 愿意向同伴分享记录的方式。

【活动重点】

能把观察到的内容用自己的方式记录下来。

【活动准备】

幼儿记录册、迷你种植园。

【活动过程】

一、导入环节

有的小种子发芽了，有的小苗长高了，这些新变化是孩子们最开心的事情，同时也引发了幼儿对自然角更多的关注。

二、主要环节

幼儿：我发现我的种子长出了两棵苗。

教师：你种的是什么？

幼儿：柚子。

教师：它长的什么样子？

幼儿：绿绿的。

教师：你发现它的形状有变化吗？

幼儿：有，长高了，两片叶子分开了。

教师：你观察得真仔细。

幼儿：我的花盆里长出许多小苗。

教师：你种的是什么？

幼儿：火龙果。

教师：你发现了什么？

幼儿：小苗苗比原来变多了。

教师：原来有几棵？

幼儿：三棵。

教师：现在有几棵？

幼儿：四棵。

教师：你把自己的发现记录好了吗？

幼儿：记录了。

教师：她用绘画的方法记录了火龙果的变化，非常好！还有谁有新的发现？

幼儿：我的小苗长出来了，后来又不见了。

教师：这是为什么呢？

幼儿：是××把它拔掉了！

教师：为什么呀？

幼儿：我没有拔掉，我只想让它再长高一点儿。

教师：它长高了吗？

幼儿：没有，它已经死掉了。

教师：小苗苗需要自己慢慢地长大，拔苗助长是不行的。

幼儿：××还把自己的种子挖出来了。

教师：你为什么把种子挖出来呀？

幼儿：我想看看种子长大了没有。

教师：你发现了什么？

幼儿：种子一点都没变。

教师：你怎么知道的？

幼儿：它还是圆圆的，没有发芽、没有变绿。

教师：都是同一天种的，为什么有的种子长大了，有的却没有发芽呢？

幼儿：因为种的种子不一样，有的种子先发芽，有的种子后发芽。

教师：不同的种子，发芽的时间是不一样的。

三、结束环节

鼓励幼儿用语言清楚地与同伴交流自己的发现。

【环境创设】

在主题墙上以绘画的形式展示种子发芽的条件，引导小朋友了解种子发芽需要一定的条件。

【家园共育】

家长配合幼儿园的活动，给孩子讲解种子发芽的条件。

活动六：种子发芽了吗

【活动目标】

1. 了解种子发芽的三个条件：水、空气和适宜的温度。

2. 寻找种子没发芽的原因，想办法解决问题。

【活动重点】

了解种子发芽的条件，找出种子没发芽的原因。

【活动准备】

统计表、黑板、签字笔。

【活动过程】

一、导入环节

教师：经过小朋友这么长时间细心地照顾，我发现有的小朋友的水果种子已经发芽了。老师这里有一个统计表，上面有我们种的水果种子，我们一起来记录一下有哪些水果的种子发芽了。（通过统计发现：火龙果5个，桂圆0个，橘子0个，柚子1个）

教师：哪种种子发芽的数量最多？

幼儿：火龙果。

教师：哪种种子发芽的数量最少？

幼儿：桂圆、橘子。

教师：看来种子发芽的时间是不一样的，有的种子会先发芽，有的种子会后发芽。

二、主要环节

了解种子发芽的条件，探究种子没发芽的原因。

教师：刚才我们统计了发芽的种子数量。有的小朋友的种子发芽了，有的小朋友的种子没发芽。你觉得他们的种子为什么没发芽呢？

幼儿：没有每天浇水。

幼儿：要把小花盆放在有阳光的地方。

幼儿：种子还在睡觉，我们要耐心等待。

教师：小朋友知道种子发芽需要什么条件吗？

幼儿：种子跟人一样，要喝水。

幼儿：还有晒太阳。

教师：小朋友说得很好，种子发芽需要阳光、水和适宜的温度。现在你们再看一看，有的种子为什么没发芽呢？

幼儿：我们每天都浇水。

幼儿：现在温度也合适，正是春天。

幼儿：也把小花盆放在有阳光的地方啦。

幼儿：是不是有的种子发芽快，有的种子发芽慢呢？

教师：小朋说得对，有的种子发芽慢，需要耐心等待。

三、结束环节

通过讨论，幼儿清楚地感受到种植的种子是不一样的，虽然播种的时间相同，但是发芽的时间是不一样的，有的种子会先发芽，有的种子会后发芽。

【环境创设】

将记录表投放在科学区，引导幼儿继续探究。

【家园共育】

家长搜集更多的种子，和孩子一起探究，引导孩子了解不同的种子发芽周期不同。

活动七：救救小苗

【活动目标】

1.知道植物生长需要水和养分。

2.初步了解营养水的做法及作用。

3.知道要尊重生命、爱护植物。

【活动准备】

营养水（芝麻酱渣发酵的水），提前给种子浇营养水，将种子放置在户外。

【活动过程】

一、导入环节

幼儿：老师，我发现火龙果变黄了，你快去救救它吧。

教师：火龙果为什么会变黄？

幼儿：水浇多了。

幼儿：要让火龙果多晒晒太阳。

幼儿：火龙果生病了。

二、主要环节

幼儿：老师，你瓶子里面装的黑黑的东西是什么呀？

教师：它的名字叫营养水，听名字你们知道它是干什么用的吗？

幼儿：是给小苗增加营养的。

教师：对了，它能给植物补充营养，让植物更健康。你们知道营养水是怎么做的吗？

幼儿：不知道。

教师：小朋友看到里面有很多芝麻酱渣，这个营养水就是用芝麻酱渣做成的，把芝麻酱渣反复地泡，搅拌均匀就成了营养水。有了营养水，我们的植物就会变得怎么样了？

幼儿：就能帮助小种子快快长大了。

教师：你们知道吗？除了芝麻酱渣，我们吃剩下的水果皮也可以做成营养水。

幼儿：老师，我也想做营养水。

教师：我们一起来收集果皮吧！

三、结束环节

教师：植物有了新的养分，它们会有什么变化吗？请小朋友们去自然角看一看，看看谁会有最新的发现。

【环境创设】

将这一探究过程拍照记录下来，整理成一个完整的活动过程，展示在主题墙上。

【家园共育】

家长帮孩子搜集资料，让孩子了解植物的生长过程及需要的外在条件。

主题活动总结

"种植"这个主题是生活化的，同时与春天的季节特征相符合。根据幼儿生活中已有的关于种植的认知经验，将主要目标定位于体验迷你种植。同时，让幼儿在亲自种植的过程中，自然地产生观察了解植物生长过程的兴趣和欲望。在活动过程中，我们将一些简单的种植技能与经验以及幼儿初步的合作意识都渗透在其中。

主题活动点评

孩子们会对每天所吃的各种食物、蔬菜、水果的来源产生极大的兴趣，关心它们是在哪里生长的，是怎样生长的。他们所感兴趣的这些知识，仅仅在课堂上是无法完成的，而迷你种植园地能充分满足孩子的学习兴趣，又让每个孩子都能体验种植的乐趣。春天正是种植的季节，老师和孩子根据季节特点开展种植活动，每个小朋友都有自己的一块小小的种植地。教师带领孩子们播种以后，组织孩子定期给植物浇水，引导孩子细心地观察植物生长的过程。在教师和孩子们的精心照顾下，一些种子破土而出，孩子们除了惊奇还有满足。种植园不仅激发了孩子们对种植活动的好奇心，看到了植物的生长过程，学习了简单的种植方法，还让孩子们体会到种植的乐趣。这里既是孩子们直观地感受劳动辛苦的地方，也是学习和发展的重要园地。

教师：梁 玥　刘 维　贾文丽

主题活动四：蚕的一生

主题活动由来

《指南》中有对幼儿"初步了解人们的生活与自然环境的密切关系，知道尊重和珍惜生命，保护环境"的目标要求。幼儿在探究动物的过程中，有其明显的特点：他们对于动物的情感是复杂的，有的令他们着迷，有的令他们害怕……但在引导和支持幼儿探究动物的过程中，我们都需要传递给孩子一个重要的价值观：尊重生命。

"春蚕到死丝方尽"，蚕是春季特有的生物种类。蚕的身上集中体现了季节与自然角养殖的重要关系。除此之外，大班自然角的发展目标——"关爱动植物，对生命的生长、发育、繁殖、死亡过程有初步的认知""主动饲养小动物，爱护动物，珍惜生命"，也可以在养殖蚕宝宝的过程中体验和获得。因此，养殖蚕宝宝的活动开展起来了。

主题活动目标

1.情感目标：

（1）愿意主动饲养蚕、爱护蚕，珍惜生命。

（2）在饲养蚕的过程中体验责任感。

2.知识目标：了解蚕完整的生命周期。

3.技能目标：

（1）能够对蚕进行细致、持续地观察。

（2）能够通过多种途径收集所需信息。

活动一：谜一样的蚕宝宝

【活动目标】

1.通过讨论和交流，初步向同伴分享已有经验。

2.通过观察，初步了解和发现蚕的外形特征。

3.对蚕有强烈的好奇心，愿意参与饲养蚕的活动。

【活动重点】

通过观察和讨论，发现蚕宝宝及蚕卵典型的外部特征。

【活动准备】

1.经验准备：部分幼儿见过蚕宝宝，知道班级即将饲养蚕宝宝，对饲养蚕宝宝感到期待。

2.物质准备：蚕盒里刚孵化的蚕宝宝、白纸上未孵化的蚕卵。

【活动过程】

一、导入环节

教师出示蚕卵和蚕宝宝，引发幼儿的注意及好奇。

今天，班里来了新成员——蚕宝宝。它们还是刚从卵里孵化出来的瘦瘦的小黑虫子，有的甚至还静静地待在卵里没有出来。为了方便观察，老师将这些蚕宝宝分到了一次性餐盒里。这些小客人的到来引起了小朋友们的兴趣，也引发了很多疑问。

教师：小朋友们，今天我们的小客人——蚕宝宝，终于来了。

二、主要环节

1.用多种感官初步感知蚕宝宝的外形特征。

幼儿：这些黑点点是什么？

幼儿：这有可能是蚕卵。

教师：那这些粉末状的东西，和白纸上的蚕卵一样吗？

幼儿：不一样。白纸上的蚕卵是圆形的，扁扁的，而且黏在纸上。这些黑点点却是一粒一粒的。

幼儿：那这些黑点点是蚕宝宝的便便吧！

教师：你们观察得很细致，推断也很有道理。

幼儿：蚕宝宝是由很多小黑点点组成的吗？

幼儿：蚕宝宝的脚好像是三角形的。

幼儿：蚕宝宝身上还有毛呢！

幼儿：对呀，一节一节的，为什么长这个样子呀？

教师：嗯，我的发现跟你们的一样，蚕宝宝的身体一节一节的，皱皱巴巴的，身体上还有一些小点点。

一位幼儿轻轻地摸了摸蚕宝宝的身体：蚕宝宝的身体凉凉的、软软的。

教师：蚕宝宝的身体是黑黑的，又细又长。看上去是一节一节的，摸上去是软软的、凉凉的。

2. 相互分享和交流已有经验。

幼儿：蚕宝宝长大了会变成什么样呀？

幼儿：我在书上看见过，先变成白白胖胖的肉虫子，之后变成蛹，最后变成蛾子。

教师：小朋友说得真好！那谁知道蚕宝宝吃什么？

幼儿：吃桑叶。

……

三、结束环节

教师：关于蚕，小朋友有很多疑问，有的问题得到了解答，有的问题还没有答案。蚕宝宝身上有这么多的秘密，都是咱们不知道的，这怎么办？

幼儿：回家问问家长吧！

幼儿：让爸爸帮忙上网查一查。

教师：小朋友用自己的方法搜集一下关于蚕宝宝的这些问题的答案，然后我们一起分享。

【环境创设】

1. 教师引导幼儿将问题以图文并茂的方式展示在环境中，支持幼儿通过多种途径搜集整理信息。

2. 将搜集、整理后的经验以图文并茂的方式布置在自然角环境中，与整理的问题进行对应，体验解决问题后的成就感。

【家园共育】

1. 向家长介绍养蚕活动的价值以及幼儿的兴趣和问题，请家长支持、鼓励孩子通过多种途径搜集信息。

2. 家长鼓励孩子在生活中寻找和发现能够使桑叶保鲜的容器，做到珍惜桑叶，爱惜桑叶。

活动二：卵里爬出蚕宝宝

【活动目标】

1. 通过观察，发现蚕卵孵化成蚕的现象。

2.对蚕的生长变化感兴趣，愿意在饲养蚕的过程中进一步进行探究。

【活动重点】

通过细致的观察、推理，发现蚕卵孵化成蚕的现象。

【活动准备】

孵出的蚕宝宝。

【活动过程】

一、导入环节

教师：一位小朋友发现蚕盒里有了新的变化，请这位小朋友们给大家分享一下。

幼儿：我发现蚕盒里多了好几条蚕宝宝。

二、主要环节

引导幼儿通过细致观察和推理，发现蚕卵孵化成蚕的过程。

教师：蚕宝宝从哪儿来的？

幼儿：从这些卵里，这些圆圆的点点就是卵。

幼儿：为什么有黑色的卵，还有白色的卵？

教师：蚕宝宝是从黑色的卵里爬出来的，还是从白色的卵里爬出来的？

教师鼓励小朋友进行猜想。

教师：小朋友们的想法不一样，怎样才能知道正确答案呢？

幼儿：还是上网查一查吧。

幼儿：我们去找一找书上有没有答案。

三、结束环节

教师鼓励幼儿通过自己的观察大胆猜想：什么颜色的卵里有蚕宝宝。通过讨论、上网查询、分享，终于知道蚕宝宝是从卵壳中爬出来，卵壳空了之后就变成了白色。

【环境创设】

鼓励幼儿将获得的新经验用绘画的形式记录下来，并与同伴分享。

【家园共育】

家长鼓励孩子对蚕宝宝进行细致和持续的观察，关注蚕宝宝孵化的过程。根据幼儿的兴趣和关注点进行深入的支持和引导。

活动三：长大的证明

【活动目标】

1.在持续性的观察中感知蚕的生长变化。

2.尝试用论据论证自己的观点。

【活动重点】

能用观察到的现象推理和证明自己的观点。

【活动准备】

饲养的蚕宝宝、桑叶。

【活动过程】

一、导入环节

教师：我发现小朋友们经常会比较谁的蚕宝宝长得更胖了，谁的蚕宝宝长得更大了。你们是怎么知道自己的蚕宝宝在长大的？

二、主要环节

引导幼儿尝试用现象推理和证明观点。

幼儿：我的蚕宝宝真的长大了。

教师：哦？怎么证明呢？

幼儿：原来我放进蚕盒里的桑叶，蚕宝宝吃得又慢又少。现在，桑叶很快就会被蚕宝宝啃完。

幼儿：我的蚕宝宝也比原来大了。

教师：你是怎么知道蚕宝宝长大了的？

幼儿：因为蚕宝宝蜕皮了。有一天，我在清理蚕沙和干桑叶的时候，发现桑叶上面粘着一段棕色的东西，那很有可能是蚕宝宝蜕的皮。蜕皮就证明蚕宝宝长大一点儿了。

幼儿：蚕宝宝一共要蜕4次皮，蜕一次皮长大一岁，等4岁后就会吐丝了。

教师：小朋友们都感觉自己的蚕宝宝在长大，不但是因为蚕宝宝的身体长得越来越大、越来越长、越来越白，更重要的是，小朋友们通过观察，发现蚕宝宝的食量变大和蚕宝宝蜕皮的现象，以此来证明蚕宝宝的长大。

三、结束环节

随着观察的持续和深入，小朋友们发现蚕宝宝喜欢趴在桑叶的边上，从上到下啃食桑叶。蚕盒需要经常清理，清理时先在蚕盒外面放一片新鲜的桑叶，把蚕宝宝轻轻地放上去，然后倒掉蚕沙和干桑叶，再把新鲜桑叶和蚕宝宝放回蚕盒里。蚕宝宝有时会用一根丝吊在桑叶上，是因为它害怕摔着自己，这是保护自己的一种方法。在清理蚕盒的过程中，小朋友们发现蚕会蜕皮，这是因为蚕在生长发育过程中表皮不能随着身体长大而长大，当蚕的身体长大受到限制时，就要蜕皮。

【环境创设】

帮助幼儿将幼蚕蜕皮的信息、图片和资料等投放进区域中，供幼儿分享交流。

【家园共育】

家长和孩子一起翻阅蚕成长的图书等资料，使幼儿了解更多的知识。

活动四：蚕宝宝吐丝了

【活动目标】

1.对蚕吐丝的现象感兴趣，能够细致、持续地观察。

2.感知和了解蚕吐丝的习性。

【活动重点】

通过观察蚕吐丝的现象，感知其习性的独特性。

【活动准备】

养大的蚕宝宝。

【活动过程】

一、导入环节

利用蚕吐丝的现象激发幼儿的观察兴趣。

幼儿：我的蚕宝宝吐丝了。

幼儿的一句话引起很多小朋友的围观。小朋友们好奇地围着这位幼儿的蚕盒，看着胖胖的蚕宝宝吐丝。

二、主要环节

1.初步观察蚕吐丝的现象。

教师：我们静静地观察蚕宝宝吐丝，尽量不去打扰它。

幼儿：它是在蚕盒上吐丝的。

幼儿：它吐的丝是黄色的。

小朋友们你一言我一语地表达自己的发现。

教师：蚕宝宝是怎样吐丝的？

幼儿：蚕宝宝吐丝的时候是扭来扭去的。

教师：胖胖的蚕宝宝，扭来扭去还真灵活！它怎么能这么灵活呢？

幼儿：它的身体是软软的，当然灵活呀！

2.对比观察吐丝的蚕和未吐丝的蚕的区别。

幼儿：我的蚕宝宝怎么还不吐丝呀？

教师：那我们观察一下，开始吐丝的蚕宝宝和没有吐丝的蚕宝宝，身体上有没有什么不同？

幼儿：我的蚕宝宝好像没有吐丝的蚕宝宝大。

幼儿：吐丝的蚕宝宝，身体已经发黄，皮肤皱皱的。

通过观察和比较，小朋友们发现了蚕宝宝吐丝前后身体的不同。

教师：你们观察得很仔细，蚕宝宝开始吐丝时，有一些明显的特征。我们查查资料，寻找更准确的答案。

第二天，幼儿一来园就去看蚕宝宝。

幼儿：蚕宝宝吐的丝已经变成一个椭圆形了！

其他小朋友也走过去看：真的结成茧了！太神奇了！

幼儿：网上说，蚕宝宝快吐丝的时候，首先会变得白白胖胖的，开始变得不喜欢吃桑叶，而且想往外爬。

教师：看来蚕宝宝吐丝前，真的会有一些信号和线索可以让我们察觉到，比如，身体长得更大更胖，食欲下降，往蚕盒外面爬，等等，所以我们要更加细致地观察蚕宝宝，及时发现它的吐丝信号。

三、结束环节

鼓励幼儿对蚕宝宝进行细致和持续的观察，在观察蚕宝宝吐丝结茧的过程中，进一步感知蚕的习性以及生命周期。

【环境创设】

请幼儿将蚕宝宝从孵化出来到吐丝的过程记录下来，展示在主题墙上。

【家园共育】

家长为孩子讲解蚕吐丝的过程，讲解蚕丝的作用。

活动五：一间小房子

【活动目标】

1. 在给蚕宝宝"建房子"的过程中，进一步萌发对生命的关爱。

2. 增强对蚕吐丝结茧现象的兴趣。

【活动重点】

通过寻找材料给蚕宝宝"建房子"，观察蚕宝宝在房间里的吐丝行为，进一步了解蚕吐丝结茧的过程和习性。

【活动准备】

美工区材料：纸筒。

【活动过程】

一、导入环节

抛出"建房子"的话题，引发幼儿的参与兴趣。

教师：小朋友们饲养的蚕宝宝都吐丝了，要为它准备什么吗？

幼儿：妈妈说蚕宝宝快要吐丝的时候，得给它制作小房子，让它在小房子里面吐丝。

幼儿：为什么要做小房子？

幼儿：这样蚕宝宝吐丝的时候会更方便。

教师：小房子对蚕宝宝这么重要啊！

幼儿：那咱们得快点儿给蚕宝宝建房子。

二、主要环节

通过搭建房子，进一步观察蚕吐丝结茧的行为。

1. 寻找材料建房子。

教师：咱们用什么制作小房子呢？（教师引导小朋友们去美工区找一找材料）

幼儿：这个吧！（幼儿拿起卫生纸的纸筒说）

教师：好主意，把纸筒剪成一段一段的，就是蚕宝宝的小房子了。

就这样，小朋友的蚕盒里多了许多纸筒房子，蚕宝宝在里面美美地吃着桑叶。

教师：我们要注意观察，看看蚕宝宝会不会在房子里面吐丝。

2. 细致观察蚕在纸筒中的吐丝现象，感知小房子对蚕吐丝行为的帮助。

第二天，我们果真在纸筒房子里看到了正在吐丝的蚕宝宝。

幼儿：蚕宝宝已经被包在椭圆形的茧里了。

幼儿：你看，蚕宝宝还在吐丝呢。（椭圆形的蚕茧是透明的，可以清楚地看到蚕在蚕茧里吐丝的动作）

幼儿：蚕茧真的黏在了纸筒房子里，掉不下来呢！

教师：那这个小房子的作用是什么呢？

幼儿：像蜘蛛网一样粘在四周的纸筒上，蚕茧周围也有蚕丝。

幼儿：也许蚕宝宝就是需要一个这样的小房子，在纸筒的四周吐丝，支撑随后结的茧，就像蜘蛛一样。

三、结束环节

鼓励幼儿持续观察蚕在"小房子"中吐丝结茧的现象，巩固经验。

"小房子"的边角能为蚕宝宝吐丝提供有利条件，便于蚕宝宝寻找支撑点进行吐丝结茧。随着对蚕宝宝吐丝的观察，我们发现原来蚕宝宝扭来扭去地吐丝是为结茧打基础，像一个大网，起到支撑点的作用。随后在自己周围吐丝，逐渐成为椭圆形，直到蚕茧越来越厚，结茧完成。

【环境创设】

引导和鼓励幼儿用记录表的形式记录蚕的结茧日期，为了解蚕的周期性变化做准备。

【家园共育】

家长和孩子一起观察蚕结茧时的变化。

活动六：破茧而出

【活动目标】

1.通过观察发现蚕蛹羽化的现象，对蚕蛹变成蚕蛾的现象感兴趣。

2.进一步感知蚕的周期性变化。

【活动重点】

通过观察，发现蚕蛹会从蚕茧中钻出，羽化成蚕蛾。

【活动准备】

蚕蛾。

【活动过程】

一、导入环节

一天，小朋友们发现了几个破茧而出的蚕蛾。

幼儿：蚕宝宝真的变成蛾子了！

幼儿：蚕盒里的蚕茧上趴着两只米白色的蛾子。

二、主要环节

1.教师：之前我们发现长大的蚕会吐丝结茧，现在发现从茧里羽化成了长着翅膀的蚕蛾，太神奇了。蚕蛾是从哪儿钻出来的呢？

幼儿：看，这儿有个洞，它是从这个洞里钻出来的吧。

幼儿：没错，蚕茧上只有这一个洞，肯定是从这里出来的。

教师：从结茧到爬出蚕茧变成蛾子，经过了多少天？

幼儿：我算一算，11天。用今天的日期减去它开始结茧的日期。

教师：其他小朋友也注意观察和记录，看看蚕宝宝从结茧到破茧而出的时间是多久。

2.对蚕蛾羽化的现象持续进行观察和探究，从中发现周期性规律。

经过小朋友密切地观察，发现大多数情况下，蚕从结茧到破茧而出的时间是11～12天。经过上网查询，从四龄蚕到蚕蛾，一般需要一周到两周的时间。

通过观察，小朋友还掌握了一些辨别蚕蛾爸爸、蚕蛾妈妈的方法：蚕蛾妈妈比蚕蛾爸爸胖一些，大一点儿；蚕蛾爸爸和蚕蛾妈妈要在一起，才能生出蚕卵，蚕宝宝就待在小小的蚕卵里。

小朋友们想起刚发现蚕蛾破茧而出时的情景，其中有一对蚕蛾尾巴对尾巴，这应该就是一对蚕蛾爸爸和蚕蛾妈妈。它们果真是一只有着胖胖的肚子，一只有着瘦瘦的肚子。那只胖胖的就是蚕蛾妈妈，另外一只瘦瘦的就是蚕蛾爸爸喽。

蚕蛾交尾后，小朋友观察到了雌蛾产卵的场景：蚕蛾妈妈的屁股摆来摆去地产卵，这些卵是一粒挨着一粒的，蚕卵的颜色是黄色的，这与小朋友初次看见蚕卵时的情景并不相同，那会儿看见的蚕卵是黑褐色的。

通过观察和搜集信息我们知道：蚕卵的颜色在刚产下来的时候是黄色的，1～2天后会变成棕红色，再过3～4天才会变成黑色。而且蚕蛾在交尾、产卵时都不会再进食，产卵后就会死去。

【环境创设】

将幼儿在探究及发现过程中的绘画、图片和照片的记录，如"蚕的一生"，投放在环境中，帮助幼儿提升及共享经验。

【家园共育】

1.和孩子共同回顾探究过程，关注孩子在养蚕过程中情感及经验的构建。

2.追随幼儿的兴趣点，开展相应的延伸活动。

主题活动总结

1.培养了幼儿关爱动物、尊重生命的情感。大班阶段的幼儿更愿意主动饲养小动物、爱护动物。生命只有一次，经不起失败，每一个生命都值得被尊重和珍惜。小小的蚕宝宝更加需要我们细心地爱护。因此在饲养蚕宝宝活动的开始，就需要我们了解和掌握尽可能准确和全面的饲养方法。在这个过程中，小朋友经历和体验到了如何通过调查的方法搜集自己需要的信息并进行整理和梳理；也经历了为更好地照顾蚕宝宝所付出的努力，体验到了对蚕宝宝生命的尊重。

2.在持续性的探究活动中，感知和了解了蚕的生命周期。通过喂养和观察，小朋友们观察到了蚕宝宝"四龄"阶段的生长变化，以及吐丝结茧、羽化成蛾、破茧而出的周期性变化。随着蚕蛾妈妈产下蚕卵，饲养蚕宝宝的活动进入了尾声。他们通过亲自饲养蚕宝宝，观察了解到蚕完整的生命周期，开始对生命的生长、发育、繁殖、死亡过程有了初步的认识，也开始逐渐建立对生命的正确认知。

主题活动点评

大班幼儿活动的持续性增强，在饲养蚕宝宝的过程中，能够更加专注地进行细致、深入、持续的观察；同时，他们的观察能力逐渐增强，能在教师的启发下发现事物变化较本质的原因。此外，教师关注幼儿的兴趣及问题，并鼓励和支持幼儿通过多种途径解决问题，相互分享、相互讨论，使幼儿搜集、整理信息的能力逐渐增强。同时，在这样的共同探究中，他们了解了蚕完整的生命周期，也学会了相互协商、合作，学会了责任与担当。

教师：任丽静

主题活动五：神奇的弹力

主题活动由来

弹力，我们在自然界和生活中可以常常见到，它为我们的生活带来了便利，与我们的生活息息相关，如小女孩每天梳头发用的皮筋，妈妈穿的弹力丝袜，小朋友每天盼望玩的蹦蹦床、弹力球、羊角球，装饰环境的气球，等等。弹力是小朋友们并不陌生的现象，但由于缺乏主动观察、探究和发现，小朋友们并没有积累太多有关弹力的经验。根据《指南》精神，本学期我班选择了"弹力"这一贴近幼儿生活的探究内容来开展探究性主题活动，旨在在幼儿已有生活经验的基础上，激发幼儿主动探究的兴趣，满足幼儿的探究需要，引导幼儿在发现问题、解决问题的过程中，积累相关经验，获得发展。

【活动目标】

1.情感目标：

（1）愿意参加探究活动，体验探究弹力的乐趣。

（2）在解决生活中常见问题的过程中，感受用有关弹力的经验解决问题的过程和成就感。

2.知识目标：

（1）发现和搜集周围生活中的弹力现象。

（2）通过操作和探究，感知弹力现象的不同，了解弹力的表现形式及其给人们带来的便利。

3.技能目标：

（1）发现生活中的问题，并愿意尝试解决问题。

（2）丰富有关弹力的多种经验，锻炼综合能力。

（3）培养发现问题、解决问题的探究意识与能力。

活动一：谈话活动——什么是弹力

【活动目标】

1.明确关于弹力的已有经验。

2.对弹力现象感兴趣。

【活动难点】

理解弹力现象。

【活动准备】

1.经验准备：有一些关于弹力的经验。

2.物质准备：发圈、鞋带。

【活动过程】

一、导入环节

出示发圈和鞋带，引出问题。

教师：这是什么？你在哪里见过？

幼儿：哎？这不是我们女孩子梳头发用的皮筋吗？

幼儿：另外一个像是鞋带，用来系鞋带的吧！

教师：对，一个是小朋友们平时梳头发用的皮筋，也叫发圈；一个是平时系鞋带用的线绳。

二、主要环节

教师引导幼儿讨论有关弹力的话题。

教师：我们为什么使用发圈来扎头发，而不是线绳？

小朋友们瞪大了眼睛，没有说话。

教师：发圈和线绳摸上去有什么不同的感觉？

幼儿：发圈一拉就会变长，有弹力，可以把小辫扎紧。

教师：小朋友说到了弹力。那什么是弹力呢？

幼儿：弹力就是压下去，一松手又弹起来。（幼儿边说边比画着）

幼儿：我爸爸的拉力器就有弹力，用力拉开，一松手，又缩回来了。

幼儿：羽毛球可以在球拍上跳起来，因为有弹力。

幼儿：我们跳的皮筋就有弹力。

幼儿：弹簧玩具也有弹力。

教师：弹力有哪些特点呢？

幼儿：一拉就变长。

幼儿：可以使东西跳起来。

……

教师：弹力很神奇，有的一拉就会变长，松手后又重新变短；有的一摁，松手后又会弹起来。

三、结束环节

教师：今天，我们知道了一个新词语——弹力，它是在外力的作用下发生形状或体积的改变，当外力停止时，它就会恢复原来的形状。生活中也有很多有弹力的东西，我们继续找找还有什么东西是有弹力的。

【环境创设】

活动结束后，鼓励幼儿丰富弹力材料，在家里寻找弹力物品并投放于区域中，供幼儿继续进行探索，感知弹力的特性。

【家园共育】

请家长关注孩子对于弹力的经验和感知，支持孩子搜集弹力物品的探究过程，鼓励孩子继续感知弹力物品的特性。

活动二：实地考察——寻找身边的弹力

【活动目标】

1. 在活动中进一步发现和感知周围生活中的弹力物品或弹力现象。

2. 体验观察和发现的乐趣。

【活动重点】

能够发现弹力是怎样产生的。

【活动准备】

1. 经验准备：对实地考察的场所比较熟悉。

2. 物质准备：安全的实地考察场所——体育器材室。

【活动过程】

一、导入环节

教师介绍活动主题，以寻宝的情境直接切入活动。

教师：小朋友们之前在家里、班里都寻找到很多有弹力的物品。今天，我们要在幼儿园的体育器材室继续寻找弹力。

二、主要环节

在实地考察的过程中，鼓励和引导幼儿主动发现有弹力的物品，体验并认真观察弹力现象。

教师：体育器材室里有这么多的物品，哪些物品是有弹力的呢？

一位幼儿指着体育器材室的篮球说：篮球有弹力。

教师：为什么说篮球有弹力呢？

幼儿：因为拍它一下可以跳好几下。

教师：你试一试。

幼儿拿起一个篮球拍到地上，篮球弹起来，继续向下拍，球又会弹起来。

教师：篮球从有一定高度的地方掉落在地面的时候，马上就会弹起来，所以我们说篮球有弹力。还有什么物品是有弹力的？

幼儿：这个羊角球也有弹力，我们坐在上面跳，可以弹起来。

教师：我们找到的有弹力的物品，受到向下的力接触到地面后，会发生向上的力和现象，也就是有弹力。

幼儿：咱们玩的那个蹦蹦床也有弹力，把我们弹起来，能弹得很高。

教师：那咱们去试试吧！看看蹦蹦床是不是真的有弹力。

这个提议瞬间激发了所有小朋友们的热情，他们欢呼着跑向蹦蹦床。蹦床上的小朋友不时发出激动的欢呼和呐喊声，享受着蹦蹦床的弹力带给自己的愉快体验。

结束了蹦蹦床游戏后，小朋友们边休息边聊着自己刚才蹦蹦床的体验。

幼儿：我刚才没摔跤，而且我跳得特别高。

教师：为什么你在蹦蹦床上能跳得那么高呢？

幼儿：因为蹦蹦床有弹力，我往下一跳，就被弹起来。

教师：为什么蹦蹦床有弹力呢？

幼儿：是因为蹦蹦床的垫子有弹力吧。

教师：其他小朋友，你们说为什么蹦蹦床有弹力？

幼儿：我觉得是因为弹簧有弹力。

教师：哪里有弹簧？

幼儿：蹦蹦床的垫子边上的一圈全是弹簧，我看见了。

教师：是吗？其他小朋友，你们发现蹦蹦床上有弹簧了吗？

幼儿：这就是弹簧。（他站起来指着弹簧给其他小朋友看）

三、结束环节

帮助幼儿梳理实地考察过程中的发现，提升经验。

教师：你观察得真仔细，还发现了垫子旁边一圈的弹簧。有人说蹦蹦床有弹力是因为垫子有弹力，有人说是因为弹簧有弹力。小朋友都有自己的思考和想法，都很棒。我们接下来再玩蹦蹦床的时候，就要认真观察了，看看到底是蹦床的哪部分有弹力。

【环境创设】

活动结束后，将幼儿寻找到的有弹力的物品和现象进行整合，创设主题墙饰"我找到的弹力""弹力蹦蹦床"。

【家园共育】

帮助家长了解幼儿在探究弹力过程中的兴趣和关注点，如本次活动中幼儿对于蹦蹦床的兴趣。引导家长根据孩子的兴趣点和关注点对弹力进行探究。

活动三：蹦蹦床大揭秘——寻找弹力原因

【活动目标】

1.通过观察和探究，发现蹦蹦床的主要弹力来源。

2.体验探究和发现的乐趣。

【活动难点】

发现蹦蹦床的弹力主要来自弹簧。

【活动准备】

1.经验准备：玩过蹦蹦床，参与之前有关探究蹦蹦床弹力的活动。

2.物质准备：蹦蹦床。

【活动过程】

一、导入环节

教师：上次我们讨论了"为什么蹦蹦床能够让我们弹跳起来"，有的小朋友说是因为蹦蹦床中间的垫子有弹力，有的小朋友认为是因为蹦蹦床周围一圈有弹簧。今天我们就来探究到底是哪部分的弹力原因。

二、主要环节

1.初步探究：幼儿分组进行探究。

教师：你认为是哪部分的弹力使我们能够在蹦蹦床上弹跳起来？怎样才能验证它到底有没有弹力？

幼儿：可以捶一锤垫子，看有没有弹力。

幼儿：拉一拉弹簧，看弹簧有没有弹力。

教师：小朋友们的方法真好，我们可以通过拉一拉、捶一锤、拽一拽的方法，看看蹦床到底哪部分有弹力。

教师引导幼儿进行实践，发现探究过程中的问题，分析问题后再次探究。

2. 再次探究。

引导幼儿利用上一环节讨论的探究方法再次进行探究。

幼儿：老师，弹簧有弹力。

教师：你怎么发现的？

幼儿：我使劲一拉，弹簧就变长了，我再一松手，弹簧又变短了。

这位幼儿的发现吸引了其他小朋友的注意，他们纷纷用拉一拉的方法来检验弹簧的弹力。

教师：小朋友们都同意弹簧有弹力，那垫子呢？

幼儿：垫子也有弹力。

教师：为什么？

幼儿：我刚才在蹦蹦床上跳的时候发现，跳在垫子上后，垫子就向下凹进去了，像一个大坑，跳起来后它又变平了。

教师：天天说垫子被我们向下压后出现向下的坑，还可以恢复平整，所以有弹力。你们认为呢？

幼儿：我认为垫子没有弹力。

教师：为什么？

幼儿：我用手拽、用力拉，垫子都不会变长，怎么会有弹力呢？

教师：函函用手拉、用手拽的方法，发现垫子没有弹力。我们也来试试。

幼儿：真的，垫子没有弹力，根本拉不动、拽不动。

教师：那为什么会出现天天说的垫子凹下去又变平的现象呢？

小朋友们都沉默了。

教师：这样好不好，我们请一位小朋友上蹦床跳，其他小朋友仔细观察蹦床的弹簧和垫子，看看能不能找到原因。

又一轮探究开始了。蹦床上的小朋友不断弹跳着，蹦床下的小朋友认真观察着。

幼儿：我发现弹簧变长的时候，垫子会有坑，弹簧缩回去的时候，垫子就变平了。

教师：很棒，其他小朋友观察到的现象是这样吗？

幼儿：是，一圈弹簧变长了，垫子就松了，所以才会有坑。

三、结束环节

教师：我们通过拉一拉、拽一拽的方法，发现蹦蹦床的弹簧有弹力，而垫子没有弹力。在外力的作用下，弹簧变长后再恢复原来形状的能力，也就是说有弹力。小朋友落在垫子上的时候，垫子受到向下的力，虽然它本身没有弹力，但会拉动周围一圈的弹簧，使弹簧变长，随后垫子变松，出现凹坑。弹簧还有恢复原状的弹力，垫子被弹簧强大的弹力重新拉平，小朋友被弹起来。

【环境创设】

引导幼儿以绘画的方式记录活动过程，以自己喜欢的方式将自己的发现进行表达，并创设于主题活动墙饰中。

【家园共育】

请家长主动与孩子交流有关蹦蹦床弹力探究的过程和发现，通过亲子互动，了解孩子的经验建构，充分鼓励孩子的参与性，从而进一步激发孩子探究弹力的兴趣。

活动四：弹簧大家族

【活动目标】

1.通过交流分享，发现弹簧在生活中的应用，丰富有关弹簧的经验。

2.体验探究和发现的乐趣。

【活动重点】

发现弹力在生活中的应用多种多样。

【活动准备】

1.经验准备：初步发现和了解弹簧在人们生活中的应用。

2.物质准备：幼儿搜集的弹簧物品或照片。

【活动过程】

一、导入环节

教师：小朋友们搜集了一些生活中的弹簧物品，今天，我们就来分享一下大家的新发现。

二、主要环节

幼儿：电池盒里弹簧的作用是为了更好地固定电池，还能导电。

教师：为什么电池盒里有了弹簧，能够更好地固定电池？

幼儿：我们在安装电池的时候，需要把负极顶着弹簧，用力往下压，然后把电池压进电池盒里，正极顶着另一头。弹簧被压缩后会恢复原来的样子，这时候，弹簧的弹力就把电池牢牢地卡在了电池盒的中间。而且，弹簧是金属的，还能导电。

幼儿：妈妈说，我们家的沙发里有弹簧。

教师：那沙发里弹簧的作用是什么？

幼儿：人一坐下去，弹簧就被压下去。

教师：受到外力，沙发里的弹簧会被压缩，那人的感觉是怎样的？

幼儿：坐下去软软的，很舒服。

幼儿：咱们班科学区里的弹簧秤里有弹簧，是称重用的。

教师：弹簧秤里安装弹簧，有什么作用？

幼儿：称东西的时候，东西有重量，会把弹簧拉长，与弹簧相连的指针发生位移，指到的数字就是东西的重量。

教师：生活中，还有哪些利用弹力制成的物品呢？

幼儿：悠悠球。

幼儿：自行车座上有弹力。

幼儿：汽车轴轮上、座椅上也有弹力。

……

三、结束环节

教师：小朋友们真棒，找到了很多利用弹力特性制成的物品，弹力的作用真大呀！而且，不同的物品，其弹力发挥的作用也不同。

【环境创设】

1.活动结束后，引导幼儿将自己的发现和想法用绘画、照片等形式进行表达和记录，并创设区域活动墙饰"神奇的弹力"。

2.在图书区投放一些有关弹力的图书，引导幼儿阅读、发现。

3.在科学区投放弹簧或具有弹力的物品，引导幼儿继续探究。

【家园共育】

帮助家长了解孩子探究弹力的进程，鼓励孩子在生活中寻找、体验弹力发挥的作用。

活动五：柜门松了

【活动目标】

1.能够利用生活经验，提出解决问题的方法。

2.体验共同解决问题的乐趣。

【活动重点】

利用生活经验，找到解决问题的方法。

【活动准备】

1.经验准备：有上次讨论活动的相关经验。

2.物质准备：安装有弹簧的门的照片。

【活动过程】

一、导入环节

教师：我们教室里小柜子上的柜门松了，小朋友们有办法解决吗？

二、主要环节

1.引导幼儿利用自己的生活经验，想多种解决问题的方法。

教师：怎样解决这个问题呢？你有什么好方法？

幼儿：用胶条把柜门粘住吧。

幼儿：要不在柜门上安把锁吧。

幼儿：还是拿绳子把柜门上的把手绑住吧。

教师：这些方法怎么样？其他小朋友有什么意见和建议？

幼儿：有点麻烦，想要开柜门拿东西，就老得开锁或者解绳。

教师：我们可以利用弹簧来固定吗？（出示一张安有弹簧的门的图片）

教师：这是咱们大院东门传达室的弹簧门，如果你们之前没有注意过，咱们可以去看一看。

得到小朋友的热烈回应后，我们就来到了弹簧门所在的东门传达室。

幼儿：这门上真的有弹簧。

教师：大家都来试一试这个弹簧门，看看为什么要在门上安装弹簧。

一位小朋友伸手推开了弹簧门，走了进去，松手后弹簧门自动关上了。

幼儿：像是自动门一样，不用用手关门。

教师：大家都来试一试，为什么门能自动关上？

幼儿：因为弹簧有弹力，一推门弹簧变长，一松手弹簧又变回原来的样子。

教师：那我们采取什么方法解决咱们柜门松了的问题呢？

2.请钱爷爷为门安装弹簧，引导幼儿观察和了解安装的方法和步骤。

教师引导幼儿回忆和总结安装弹簧的方法和步骤。

教师：钱爷爷是怎样安装弹簧的？

幼儿：钱爷爷在弹簧的两头拧了两个螺丝钉。

教师：螺丝钉安装在柜门的什么位置？

幼儿：一个钉在门上，一个钉在门框上。

教师：钱爷爷先比了一下弹簧安装的具体位置、长短，然后钉一个钉子，在比弹簧的长度远一点的距离，安装另一个钉子，最后把弹簧两头的洞洞套在钉子上。

教师：安装了弹簧后，效果怎么样呢？

幼儿：像东门传达室的弹簧门一样，成自动门了。

教师：门上的弹簧起到了什么作用？

幼儿：自动关闭的作用。

三、结束环节

教师：小朋友们通过观察发现弹簧门上弹簧的作用：我们推开门的时候，弹簧被拉长，我们松手后，弹簧会恢复成原来的样子，带动门关上。弹簧为我们带来了便利，所以我们用安装弹簧的方法来解决柜门松了的问题。

【环境创设】

将本次安装弹簧的步骤和过程整理成为主题活动墙饰，以此帮助幼儿进一步梳理、提升经验。

【家园共育】

鼓励幼儿主动向家长介绍自己自主解决问题、安装弹簧的过程，家长重点引导幼儿说出过程中的问题和解决问题的方法。

主题活动总结

在家长的支持和配合下，根据幼儿的兴趣点、发展需要等多个方面，逐步深入主题活动。依据《纲要》精神，围绕蹦蹦床、安装弹簧等开展一系列活动。引导幼儿通过操作和探究，逐渐解决主题活动开展过程中的问题，丰富了幼儿有关弹力的科学经验，并且培养了幼儿发现问题、解决问题的科学精神。

主题活动点评

在主题活动"神奇的弹力"中，教师以贴近幼儿生活经验为出发点，重视幼儿参与的主动性，尽可能地发挥幼儿的主观能动性，同时灵活地将生成和预设两种活动形式相结合，在幼儿兴趣点的基础上开展系列活动。

根据《指南》的要求，在活动后期，结合幼儿的实际生活开展利用主题活动所积累的相关经验，解决幼儿在实际生活中遇到的问题，体现学有所用、学以致用的精神。也真正体现出主题活动来源于幼儿生活中的兴趣和问题，并将探究得来的经验进行迁移和运用，解决生活中的问题。

在贴近生活的原则下，幼儿的参与性被充分挖掘和调动起来，真正实现了主题活动的发展目标，积累和丰富了幼儿的相关经验，初步树立了基本的科学精神，体验发现问题、分析问题、解决问题的探究过程。

教师：任丽静

主题活动六：车轮滚滚

主题活动由来

幼儿园小操场有一处空间，地面设计的和普通的地面不一样。它是由三种不同的坡道组成的：第一条坡道是光滑的水泥地面，第二条坡道是毛茸茸的像地毯一样的地面，第三条坡道是带有减速带的坡道。这三条不同的坡道在我们的日常生活中是常见的，它起到的作用却是不同的。在小操场玩的过程中，幼儿发现了这个有意思的坡道，在坡道上走来走去，还拿来球在坡道上滚着。基于幼儿的兴趣，为了丰富幼儿关于摩擦力的经验，我们开展了摩擦力的科学主题活动。

主题活动目标

1.情感目标：

（1）通过参与活动，体验探索与操作的快乐。

（2）在操作的过程中，对探究摩擦力的活动更加感兴趣。

（3）提升发现问题及解决问题的能力。

2.知识目标：

（1）引导幼儿了解摩擦力，感知不同材料对摩擦力产生的影响。

（2）了解生活中的摩擦力，知道增大和减小摩擦力给人们带来的益处。

（3）能够发现生活中的摩擦力现象。

3.技能目标：

（1）尝试用多种方法改变摩擦力的大小。

（2）找出生活中存在的摩擦力，丰富现有经验。

活动一：什么是摩擦力

【活动目标】

1.初步理解摩擦力的存在，感受物体表面的光滑程度会改变物体的摩擦力。表面越粗糙，摩擦力越大；表面越光滑，摩擦力就越小。

2.感受摩擦力对我们生活的影响。

【活动准备】

爬山鞋与溜冰鞋鞋底特写图片、玻璃滑道和绒布滑道、小纸球若干。

【活动过程】

一、导入环节

出示爬山鞋与溜冰鞋鞋底特写图片。

教师：小朋友，请比较一下两双鞋子的鞋底有什么不一样？

幼儿：爬山鞋鞋底的花纹又粗又大。

幼儿：溜冰鞋鞋底又窄又光滑。

二、主要环节

实验操作，感知物体表面光滑程度与摩擦力的关系。

出示两个滑道：一个是玻璃滑道，一个是绒布滑道，请幼儿将小纸球分别放在两个滑道上，观察小纸球在哪个滑道上滑得快。

观察结果：小纸球在玻璃滑道上滑得快，在绒布滑道上滑得慢。

教师：这是为什么呢？

幼儿：因为玻璃滑道光滑，绒布滑道粗糙。

教师：为什么在粗糙的滑道上就滑得慢呢？

幼儿讨论，之后教师小结：小纸球从绒布滑道滑下去的时候，有一种神奇的力量拉住它，不让它往下滑，这种力叫做摩擦力。当物体的接触面粗糙时，摩擦力就大；当物体的接触面光滑时，摩擦力就小。

三、结束环节

了解摩擦力在生活中的应用。

出示防滑垫图片：卫生间门口为什么要铺防滑垫？（增加摩擦力，防滑）

出示滑梯图片：滑梯的表面为什么是光滑的？（减少摩擦力）

【环境创设】

1.在科学区投放一些探究摩擦力的材料，引导幼儿继续深入探究。

2.在图书区投放一些有关摩擦力的图画书，供幼儿继续阅读。

【家园共育】

家长引导孩子了解什么是摩擦力，共同探讨摩擦力在生活中的应用。

活动二：轮胎在哪里滚得快

【活动目标】

1. 探究轮胎在不同的地面滚动的速度不同。

2. 对探究活动感兴趣。

【活动重点】

能够发现轮胎在不同的坡道上，其滚动的速度与地面粗糙程度的关系。

【活动准备】

轮胎、三条不同的坡道。

【活动过程】

一、导入环节

教师带领幼儿来到军事训练营的坡道前，看一看、摸一摸，说说三条坡道有什么不同。

二、主要环节

1. 讨论。

教师：小朋友，你们发现三条坡道有什么不同了吗？

幼儿：有一条坡道是平的。

幼儿：有一条坡道毛茸茸的，像是地毯。

幼儿：有一条坡道的地面不平，像减速带一样。

教师：小朋友发现三条坡道是不同的地面。那咱们用轮胎来试一试，看看会发生什么现象？

教师：在水泥地面上滚轮胎是什么感觉？

幼儿：轮胎一下就滚下去了。

幼儿：轮胎滚得很快。

教师：在"地毯"地面上滚轮胎是什么感觉？

幼儿：不是那么快。

教师：在有减速带的地面上滚轮胎是什么感觉？

幼儿：轮胎一跳一跳的。

幼儿：不太快。

教师：你们认为轮胎在哪条坡道上滚得快呢？

教师：有的小朋友说在水泥地上滚得快，有的小朋友说在"地毯"地面上滚得快，为什么呢？

幼儿：因为水泥地比较光滑。

教师：那我们试验一下吧。

2.试验。

教师把三条坡道标上数字，幼儿根据数字在两条坡道上进行比赛，把结果记录在记录表上。1号——水泥坡道，2号——"地毯"坡道，3号——减速带坡道。

1号坡道和2号坡道进行比赛。

教师：（幼儿尝试）你们试一试在哪条坡道上滚得快？

幼儿：（进行讨论）轮胎在水泥地面上滚得快。

教师：（梳理总结）轮胎在水泥坡道上滚得快。

2号坡道和3号坡道进行比赛。

教师：（幼儿尝试）你们试一试在哪条坡道上滚得快？

幼儿：（进行讨论）轮胎在"地毯"地面上滚得快。

教师：（梳理总结）轮胎在"地毯"坡道上滚得快。

1号坡道和3号坡道进行比赛。

教师：（幼儿尝试）你们试一试在哪条坡道上滚得快？

幼儿：（进行讨论）轮胎在水泥地面上滚得快。

教师：（梳理总结）轮胎在水泥地坡道上滚得快。

幼儿多次操作进行比赛。

教师：轮胎为什么在水泥坡道上滚得快呢？

幼儿：因为水泥地比较平，"地毯"地上有毛毛不平。

幼儿：水泥地的表面比较光滑。

教师：这与物体表面的摩擦力有关系。地面光滑，摩擦力小，阻碍力量就小；地面不平整，摩擦力就大。

三、结束环节

教师梳理经验：在三条坡道上进行比赛，在遵守规则的情况下，小朋友们实验得出的结论是轮胎在水泥地的坡道上滚得最快。这是因为轮胎在光滑的地面上，摩擦力小，滚动得快；轮胎在粗糙的地面上，摩擦力大，滚动得就慢。

【环境创设】

在环境创设区投放相应的材料，供幼儿继续探究。

【家园共育】

和孩子一起收集有关摩擦力的材料，让孩子带到幼儿园和小朋友一起探讨、研究。

活动三：上坡比赛

【活动目标】

1.通过操作，验证上坡时，轮胎滚动的速度与地面摩擦力的关系。

2.提升解决问题的能力。

【活动重点】

理解上坡与摩擦力的关系。

【活动准备】

三辆相同的电动玩具汽车、三条坡道、记录表。

【活动过程】

一、导入环节

教师：我们上次在两条坡道上进行比赛，轮胎在水泥坡道上滚动得快。这次我们要比赛在哪条坡道上上坡快。

二、主要环节

1.幼儿进行猜想。

2.幼儿用电动小汽车分组进行比赛并记录，教师提示小朋友遵守比赛规则。（与上次活动采用相同的方法，分组进行，每组请一名幼儿进行监督，提醒幼儿遵守比赛规则）

3.分析实验结果。

教师：小汽车在哪个坡道上爬坡快？

幼儿：在水泥地面上。

幼儿："地毯"路面上有毛，小汽车跑不快。

教师：为什么小汽车在水泥坡道上爬得快呢？

幼儿：水泥地光滑，摩擦力小。

幼儿：减速带地面一高一低的，摩擦力大，小汽车跑得就慢。

三、结束环节

教师根据记录表进行梳理：小汽车在三条坡道上比赛，还是在水泥地的坡道爬得快。小汽车在光滑的地面上，由于摩擦力小，所以跑得快，小汽车在粗糙的地面上，由于摩擦力大，跑得慢。

【环境创设】

教师和幼儿一起收集有关摩擦力的材料，投放在科学区，引导幼儿继续深入探究。

【家园共育】

家长和孩子一起寻找有关摩擦力的材料进行实验，发现摩擦力的作用。

活动四：他为什么摔倒了

【活动目标】

1.探究鞋底花纹与摩擦力的关系。

2.结合生活经验进行类比联系。

【活动重点】

探究鞋底花纹与摩擦力的关系。

【活动准备】

不同花纹的鞋若干。

【活动过程】

一、导入环节

教师：今天琪琪在洗手间摔倒了，那是为什么啊？

幼儿：盥洗室地面有点水，比较湿。

幼儿：他的鞋是不是太大了，穿着不合适？

幼儿：他的鞋底是不是太滑了？

面对小朋友的问题，教师问滑倒的琪琪：你为什么会摔倒呢？

琪琪：我的鞋特别滑。

大家一起看了看他的鞋底，鞋底很平，上面的纹理都快磨平了。

二、主要环节

1.比较新旧鞋子的花纹。

教师：那你们看看这双新鞋的鞋底上的花纹是什么样子的？

幼儿：新鞋花纹比较深。

教师：琪琪的鞋底与新鞋有什么不一样？

幼儿：琪琪的鞋底磨平了。

教师：磨平了就容易滑倒吗？

幼儿：是的。

教师：鞋底磨平了，鞋就比较滑，就比较容易摔倒。反之，没被磨平的鞋，纹理多，就不滑，也就不容易摔倒。

2.比较鞋底花纹的样式。

教师：请小朋友说一说自己鞋底的花纹都是什么样的？

幼儿：我的鞋底花纹是竖纹的。

幼儿：我的鞋底花纹是一楞一楞的。

幼儿：我的鞋底花纹是波浪型的。

幼儿：我的鞋底花纹是凸起来的小豆豆。

幼儿：我的鞋底花纹是一条弯弯曲曲的线，像蚯蚓鞋。

幼儿：我的鞋底花纹是一粒一粒的，像小圆点。

3.观察桌子上不同的鞋底花纹，验证猜想。

（1）幼儿两只脚穿鞋套，感觉一下脚底。

（2）幼儿一只脚穿鞋套，一只脚不穿鞋套，感觉两只脚下的不同，体会鞋底花纹的作用。

（3）请小朋友一只手套一只鞋子，在地上摩擦，感觉一下鞋底花纹的作用。

小结：鞋底的花纹和地面会产生摩擦力，起到防滑的作用，我们走路就不那么滑了。

三、结束环节

教师梳理经验：鞋底上的花纹和地面能够产生摩擦力，起到防滑的作用。

【环境创设】

引导幼儿自制摩擦力玩具，探究实验，进一步感受摩擦力。

【家园共育】

家长和孩子一起找一找摩擦力在生活中的应用。

活动五：鞋底花纹的秘密

【活动目标】

1.通过探索，发现鞋底花纹的深浅与摩擦力大小的关系。

2.体验探索活动带来的快乐，并愿意尝试将经验迁移到生活中去。

【活动重点】

通过尝试，懂得花纹深的鞋底与地面的摩擦力大，花纹浅的鞋底与地面的摩擦力小。

【活动准备】

1.经验准备：丰富有关冬季下雪地滑的知识经验。

2.物质准备：自制冰面、自制鞋底花纹深浅不同的两种小鞋子。

【活动过程】

一、导入环节

教师：小朋友，今天咱们要去滑冰场上滑冰。在滑冰时要注意安全，不拥挤，不推碰。

二、主要环节

1.幼儿第一次体验：幼儿利用教师提供的两种冰鞋去冰场上滑冰。

教师：你穿上冰鞋滑冰有什么感觉？

2.幼儿讨论。

教师：你们看一看这两双冰鞋的鞋底花纹有什么不一样？

幼儿：我穿的这双鞋的花纹比较深。

幼儿：我穿的这双鞋，花纹是浅浅的，一道一道的。

幼儿：我的这双鞋上的花纹是小花形状的，也比较浅。

3.幼儿第二次体验：幼儿穿着两种不同花纹的冰鞋再到冰场上滑冰。

教师：穿上这两种不同花纹的冰鞋，哪双滑的比较快呢？

幼儿：穿着比较浅的花纹的冰鞋滑得比较快。

幼儿：我的这双冰鞋花纹深一些，不太滑，滑得慢。

幼儿对比这两双冰鞋花纹的深浅。结论：一双花纹浅，一双花纹深。

4.幼儿分组比赛：经过比赛，穿着浅花纹鞋的一组获胜。

教师：通过三次尝试体验，你们感觉哪种花纹的鞋滑得快呢？

幼儿：花纹浅的鞋滑得快。

结论：鞋底花纹浅的冰鞋滑的速度比鞋底花纹深的冰鞋滑的速度快。

总结：花纹深的鞋底与冰面的摩擦力大，滑得慢，花纹浅的鞋底与冰面的摩擦力小，滑得就快。

5.迁移到生活中。

教师：冬天下雪路滑，应该穿什么花纹的鞋啊？

幼儿：穿花纹深的鞋，这样的鞋比较防滑。

教师：对了，鞋底的花纹越深，与地面的摩擦力越大，越防滑，冬天下雪时穿最好。

三、结束环节

教师：小朋友，我们发现了鞋底花纹的秘密，如果遇到下雪天的时候，我们应该穿花纹深的鞋子，因为这种鞋子防滑。

【环境创设】

请小朋友画一画各种各种的鞋底，展示在主题墙饰上。

【家园共育】

家长引导孩子在家观察各种各样的鞋子底部，发现它们的相同点和不同点，并和孩子一起讲一讲它们的作用。

活动六：增大摩擦力给生活带来的好处

【活动目标】

通过探究，了解增大物品摩擦力的好处。

【活动重点】

了解为什么要增大物品的摩擦力。

【活动准备】

阳光布道、钻圈等游戏器械。

【活动过程】

一、导入环节

教师：小朋友，今天是雨天，咱们不能去开展户外活动了。咱们在室内玩"钻圈""阳光布道""平衡小桥""跳圈"的游戏，好不好？

二、主要环节

1.幼儿组合玩具材料。

小朋友分组协商，确定材料的摆放位置。

2.幼儿游戏：第一次活动后进行讨论。

教师：你们摆放的材料有什么问题吗？

幼儿：玩具总是活动。

教师：是哪个玩具材料的问题啊？

幼儿：阳光布道，走在上面总是跑。

教师：那咱们一起看看是什么问题。

3.幼儿再次尝试阳光布道玩具。

教师：你们刚才又进行了尝试，到底是什么问题呢？

幼儿：好像是不太稳。

教师：原来在户外操场上有这个问题吗？

幼儿：没有啊。

教师：那是什么问题呢？

幼儿：操场的地面是橡胶的，楼道的地面是大理石的。

幼儿：大理石的面比较光滑，橡胶的地面比较粗糙，就不滑。

教师：那怎么办呢？

幼儿：把地面变得不光滑就行了。

幼儿：我们找些地垫试试吧？

幼儿：地毯也可以。

4.幼儿更换地面再次进行尝试。

教师：这次阳光布道还滑吗？

幼儿：不滑了，很稳。

教师：那是为什么呀？

幼儿：好像是摩擦力变大了。

教师：那垫地垫之前呢？

幼儿：原来的地面滑是因为摩擦力比较小。

教师梳理：阳光布道在光滑的地面上产生的摩擦力小，所以比较滑。阳光布道在粗糙的塑胶地面上产生的摩擦力大，所以就不滑了。

三、结束环节

总结：阳光布道在光滑的地面上产生的摩擦力小，所以比较滑。阳光布道在粗糙的塑胶地面上产生的摩擦力大，所以就不滑了。

【环境创设】

请幼儿将整体活动过程用绘画或其他方式记录下来，展示在主题墙饰上，及时归纳、总结主题经验。

【家园共育】

利用孩子的好奇心引导孩子发现生活中的摩擦力，并及时给孩子讲解，巩固学到的经验。

主题活动总结

活动来源于幼儿的兴趣和生活。所以，幼儿在整个活动中有较强的探索欲望。幼儿在活动中始终是在玩中成长的。一次一次的实验，一次一次的验证，幼儿从没厌烦过。在玩的过程中，幼儿懂得了摩擦力的性质，增大和减小摩擦力的好处和用处，活动来源于生活又服务于生活。

主题活动点评

1.活动重视实验。教师能够利用多种方法调动幼儿探究的积极性，如一遍又一遍地去实验、探究、验证，注意发掘幼儿动手、动脑的能力。

2.教师能够把握科学的严谨性。在幼儿操作时，教师和幼儿一起尽量规避掉影响实验效果的不利因素。

3.在活动中，教师注意利用废旧材料，如轮胎等。

4.教师注重引导幼儿去观察、发现、解决问题，从而提升探究的欲望。

教师：闻　昕

主题活动七：光和影子

主题活动由来

《纲要》指出："教育内容要贴近生活，选择幼儿感兴趣的事物和问题，有利于拓展幼儿的经验和视野。"影子是幼儿几乎每天都能见到的，影子时大时小、时隐时现，各种各样的变化都引起幼儿强烈的好奇心和探究欲望。他们对周围事物中任何新颖、陌生、有趣、神秘或难以理解的事物都会产生探究的兴趣。在户外游戏时，幼儿发现影子总是跟着自己，自己往哪走，影子就会跟着人一起走。根据幼儿的兴趣，我们开展了"光和影子"主题活动，通过活动引导幼儿关注、感知有关现象，探究、发现光和影子的奥秘，以满足幼儿的好奇心和探究欲望，从而提高幼儿的思维水平，发展其认知能力。

主题活动目标

1.情感目标：

（1）对光和影子的各种变化感兴趣，有强烈的好奇心。

（2）能与同伴分享交流探究的发现，体验成功的乐趣。

2.知识目标：初步了解光和影子的关系。

3.技能目标：

（1）能用观察、记录、测量等方法探究影子的变化。

（2）能用语言、绘画等多种形式大胆地表达自己对光和影子的认识。

活动一：为什么会有影子

【活动目标】

1.知道影子是怎么来的，初步了解光和影子的关系。

2.通过参与实践操作活动，感知影子的特征，了解影子变化的原因。

【活动重点】

通过游戏，初步感知、了解光和影子的关系。

【活动准备】

1.经验准备：生活中注意观察过影子。

2.物质准备：多媒体课件、相关的教学用具、手影戏《小鸟归巢》。

【活动过程】

一、导入环节

带领幼儿散步，找影子。

教师：小朋友，请观察什么地方有影子，什么地方没有影子，你都发现了什么东西的影子？

二、主要环节

1.室内谈话：幼儿说一说散步时的发现。

（1）小结：太阳光下有影子，阴暗处没有影子。

（2）欣赏多媒体课件与手影戏表演，激发幼儿学习的兴趣。

2.小实验：影子的产生。

请幼儿从开着的幻灯机旁走过，感知影子。

教师：你们刚才看到了什么？

幼儿：影子。

教师：为什么会有影子呢？

请幼儿自由发言。

小结：有了光，物体挡住光就会产生影子。

3.感知影子的存在。

出示手电筒。

教师：老师还请来了一位好朋友，你们认识它吗？（边说边打开手电筒，在墙上演示）

让幼儿在手电筒的光源里做不同的动作，激发幼儿探索影子的兴趣。

用玩具挡住光线，提问：现在墙上有影子吗？为什么？（玩具挡住了光线，所以出现了影子）

4.自由讨论。

将幻灯机（手电筒）关掉，问幼儿：现在墙上有影子吗？为什么？（没有光，即使有物体，也不会产生影子）

小结：影子的产生有两个条件，一要有光，二要有不透光的物体。光照在不透光的物体上，就会出现影子。

三、结束环节

游戏"踩影子"。

1.幼儿在阳光下自由活动，观察自己的影子，找出规律：人动，影子动；人停，影子停；影子跟着人。

2. 教师在阳光下跑，让幼儿踩教师的影子。教师可变换方向，站起或蹲下，引导幼儿注意影子的变化，控制幼儿的活动量。

3. 幼儿两人一组，互相踩对方的影子。

【环境创设】

教师和幼儿一起搜集影子的相关图书或资料，进一步了解影子。

【家园共育】

带孩子一起寻找生活中的影子，什么时候有影子，什么时候没有影子。发现影子的长短、大小变化。

活动二：影子为什么能动

【活动目标】

1. 通过游戏发现在光的照射下，影子因为物体的静止而静止，也因为物体的移动而移动。

2. 体验探究和发现的乐趣。

【活动重点】

知道影子随物体的移动而移动，随物体的静止而静止。

【活动准备】

场地、树、房子等。

【活动过程】

一、导入环节

教师：小朋友们，你们觉得影子会动吗？

幼儿：我跑的时候影子也跟着跑，我动的时候影子也跟着动，影子也会跳舞……

教师：真的是这样吗？小朋友一起动起来吧。

二、主要环节

幼儿通过走动、跑跳，有了以下的发现。

幼儿：老师，你快看，我的影子和我做的动作是一样的。

幼儿：老师，影子总是追着我跑。

教师：是所有的影子都会动吗？

幼儿：不是，滑梯的影子就不动。

教师：为什么滑梯的影子不能动呢？

幼儿：因为滑梯不会像人一样走起来。

教师：只有人的影子会动吗？

幼儿：小猫的影子也会动，因为小猫也可以像人一样走动。

教师：那大树呢？

幼儿：如果有风的话，树枝和树叶就会晃动，影子也会晃动的。

教师：影子是随物体变化而变化的，如果物体动，影子也会动，物体静止，影子也是静止的。

三、结束环节

小结：不会移动的物体，它的影子也不会移动，影子摇动和走动是随着物体的变化而变化的。

【环境创设】

1.请幼儿将探究过程和发现用自己的方式记录下来，展示在主题墙上。

2.在益智区投放"找影子"玩具，幼儿可以根据小恐龙的外形、动作变化等特征，将恐龙与影子进行一一对应。

【家园共育】

鼓励孩子将自己探究的过程用语言流畅地表达出来。和孩子一起搜集有关影子的资料。

活动三：变化的影子

【活动目标】

1.能够发现影子会随着光源的变化而变化。

2.知道影子的变化与光和物体的位置有关，在探索实验中获得对影子变化的经验。

【活动重点】

知道影子的变化与光和物体的位置有关。

【活动准备】

手电筒、笔。

【活动过程】

一、导入环节

谜语：有个好朋友，天天跟我走；有时走在前，有时走在后，就是不说话。请小朋友猜一猜是什么？

幼儿：影子。

教师：小朋友真棒，我们最近在寻找各种各样的影子，大家有没有发现自己的影子有的时候大，有的时候小，这是为什么呢？

幼儿：是因为光不同。

二、主要环节

教师操作手电筒，使笔的影子变大或变小，影子位置发生改变。

教师：小朋友们玩的时候，发现自己的影子时大时小，今天我们就一起来探究影子是怎么变化的。你们想不想也让笔的影子变戏法呢？等一会儿把发现的秘密告诉大家。

幼儿：笔不动时，灯光离得远，影子就小，灯光离得近，影子就大。

幼儿：手电筒往左移，笔的影子就往右移动，手电筒往右动，笔的影子就往左移动。

幼儿：手电筒亮的时候，笔的影子的颜色就很深，手电筒不太亮时，笔的影子就不太清楚了。

教师：同一个东西的影子一样大吗？

幼儿：不一样大。

教师：为什么呢？

请幼儿各抒己见，教师鼓励幼儿大胆发言。

三、结束环节

教师：刚才小朋友都发现了影子的秘密，光离照射物越近，影子就越大；光离照射物越远，影子就越小。把手电筒左右移动，影子的位置就发生改变，手电筒变亮的时候，影子颜色就变深，反之颜色变浅。

【环境创设】

用绘画的方式表达光源（太阳、照明灯等）与影子的关系，将自己的探究和发现表达出来，展示在主题墙上。

【家园共育】

家长在家和孩子一起玩手影游戏，发现影子的变化。

活动四：量量影子有多长

【活动目标】

1. 能够使用同一种材料，运用首尾相接的测量方法测量并比较影子的长短。

2. 知道不同时间段影子的长度不同。

3. 在活动中能够互相学习、协作，共同完成教师布置的操作任务。

【活动重点】

学会首尾测量；了解光源位置不同，影子的长短不同。

【活动准备】

积木、记号笔。

【活动过程】

一、导入环节

教师：昨天，小朋友在操场上帮助言言和轩轩在三个时间段里画好了影子，我们接下来一起量一量这些影子的长度，把你的发现和问题告诉我。

二、主要环节

1.幼儿之间互相帮助，将自己的影子画出来进行测量。

2.交流在测量影子时遇到的问题。

幼儿：测量的时候对不准方向，量着量着就歪了。

幼儿：两次测量的结果不一样。

幼儿：测量的时候，积木老跑。

幼儿：测量的时候忘记了记录。

在测量中，幼儿不会首尾相接地进行测量。幼儿及时记录测量中的结果及问题。

3.学习首尾相接的测量方法。

教师请在活动中用积木首尾相接测量影子的幼儿重现测量过程。

教师：为什么他量了一次后要用手按住一个点，然后移动积木，从这个点继续测量？

注意事项：

（1）在测量的过程中要及时记录测量的结果。

（2）在测量的时候要将积木固定好，直线测量。

（3）测量时应首尾相接，及时做好标记。

4.第二次测量。

第一组：测量轩轩的影子。

第二组：测量仪仪的影子。

两组幼儿分别测量两名幼儿在三个时间段的影子长度，做好测量记录。测量结果：

轩轩的影子：早晨5个积木长，中午3个半积木长，下午5个积木长。

仪仪的影子：早晨5个半积木长，中午4个积木长，下午5个半积木长。

为什么同一个人在三个时间段的影子长度不一样呢？

幼儿：因为每个时间段太阳的高度不同。

教师：哪个时间段影子最长？哪个时间段影子最短？

幼儿：中午的影子最短，早晨和傍晚的影子长。

三、结束环节

小结：在不同时间测量出来的物体影子长度不同，这是因为光源的位置不同。

【环境创设】

在图书区投放有关光和影子的图书，如趣味手影，帮助幼儿丰富各种有趣的手影。

【家园共育】

幼儿自制图书《影子在哪里》，家长和孩子共同搜集有关光和影子的图片并装订成册。

活动五：参观皮影剧场

【活动目标】

1. 知道皮影戏利用了光和影子的原理。

2. 了解皮影戏的搭建原理。

【活动重点】

了解皮影戏的搭建原理。

【活动准备】

1. 经验准备：了解光和影子的关系。

2. 物质准备：布、光源、模拟的皮影剧场。

【活动过程】

一、导入环节

教师：小朋友，今天老师带你们去参观皮影戏剧场，请小朋友们遵守纪律，认真观看。

二、主要环节

1. 参观后的讨论。

教师：你们在皮影戏剧场看到了什么？有什么发现？

幼儿：我看到了一盏亮亮的灯。

幼儿：我看到了用一张薄薄的布做的舞台。

幼儿：我看到许多影子在布上。

幼儿：我发现皮影的影子是五颜六色的。

幼儿：皮影小人的胳膊和腿都可以动。

幼儿：我发现皮影是用皮子做的，软硬不同。

幼儿：皮影中的人物都是侧面形象。

教师：你们想知道皮影剧场的哪些知识？

幼儿：为什么皮影舞台是用那样的布做成的？

幼儿：为什么皮影的影子是有颜色的呢？

幼儿：那个亮亮的灯为什么在那个地方，而不是在房顶上？

幼儿：皮影小人是怎么做成的？

教师：小朋友们的回答和提问非常棒，我对皮影戏的幕布和灯光位置也很有疑问，针对这个问题，咱们一起去进行实验探究好不好？

2.实验操作。

小朋友们要做灯光实验，他们找来之前做影子实验的手电筒来调整灯光位置，观察会有什么变化，结果发现：灯光在正上方的时候，皮影的影子映不到幕布上，如果放太低，小朋友自己的影子会挡住皮影的影子。所以他们得出结论：只有灯光在皮影斜上方的时候，才是最方便表演的。

幼儿：我们给皮影戏换个幕布好不好？

幼儿：这块幕布根本摘不下来。

幼儿：我们把其他的东西贴到这块幕布上做实验吧！

小朋友们一致赞成，于是他们找来了班级里的黑色纸、海绵纸，还有浅色的纸来做实验。他们用胶带将这些材料分别贴到幕布舞台上，最后观察到黑色的纸和海绵纸上都看不到影子，在浅色的纸上可以模糊地看到影子，但是影子的颜色没有那么清楚。实验结论：幕布不能用深色的，也不能太厚，白色的、薄薄的布能够让人清楚地看到皮影。

【环境创设】

利用幼儿园公共区域，如皮影屋，引导幼儿自制皮影，进行角色表演。

【家园共育】

家长和孩子共同搜集光和影子的有关资料。

活动六：我来表演皮影戏

【活动目标】

1.能利用光和影子的关系进行游戏创造，发展语言表达能力。

2.学会制作皮影，并可以创意表演。

3.愿意与同伴合作，共同进行实验。

【活动重点】

进一步感知光在不同角度、不同距离、不同强弱的情况下影子的变化。

【活动准备】

边框、支架、蜡笔、皮影玩偶、木棒、双面胶、手电筒。

【活动过程】

一、导入环节

教师：小朋友们，想一想皮影剧场里主要的小演员是谁呀？

幼儿：皮影玩偶。

二、主要环节

1.布置皮影剧场。

（1）幼儿将支架搭好，将幕布立在支架上。

（2）调试灯光。

（3）在皮影玩偶身上粘上竹签，给皮影玩偶安上"手"和"脚"。

2.排练表演。

幼儿3～4人一组进行皮影戏的训练，可以根据自己制作的皮偶分配角色，编排故事。（排练时，同组的组员应分工明确，又要团结一致）

排好一出戏后，可以请小朋友来观看自己的表演。

3.讨论。

教师：想一想，皮影戏是怎样表演的？你们在表演中有没有遇到什么困难？

幼儿说出自己遇到的问题，讨论解决办法。

教师：皮影玩偶离幕布的距离是多少？灯光应该打在什么位置上？

幼儿：皮影戏的灯光不能高也不能低，要打在幕布斜上方。

幼儿：皮影戏的灯光不能离幕布太远。

教师：小朋友们很棒，通过"影子与光的关系"，都知道怎样调节皮影戏的灯光，通过操作知道了皮影和幕布之间的距离会导致皮影影子的变化。

三、结束环节

教师：我们知道用光对准皮影幕布，把皮影玩偶紧贴幕布就可以呈现出皮影玩偶的影子，前面的小朋友就可以从幕布上看到皮影表演了。

【环境创设】

1.在美工区投放冰棍棒、剪刀、胶棒、不同厚度的纸、子母扣等材料，供幼儿制作剪影人偶。

2. 在科学区投放镜子、鱼缸、量杯、手电筒、暗箱等，幼儿可以玩光斑游戏、漂亮的彩虹、趣味手影、剪影人等游戏。

【家园共育】

和孩子一起进一步感知在不同角度、不同距离、不同强弱的光照下，影子的不同变化，继而加深孩子对光和影子的感性经验。

主题活动总结

在"光和影子"主题活动开展的过程中，给我感受最深的是环境对幼儿的重要影响。活动开始，我以"踩影子"游戏导入，可以使幼儿迅速地集中精神，很快地进入活动角色。接着让孩子自己动手探索影子，让孩子从实践中感悟出真知，培养合作探究的能力，在积极地讨论交流和细心地观察中弄明白影子的奥秘，孩子的创新精神和思维能力得以发展。孩子们获得了"因为有光，物体挡住光，所以产生影子"的道理。接着从孩子的生活经验入手，从孩子的认知出发，让他们畅所欲言，交流已有的生活经验，在发展语言和思维能力的同时，引发了幼儿对影子大小、方向变化等的兴趣，从而引发第二次探索。第二次探索的重点是引导幼儿从不同的方向照物体，发现影子的方位及大小变化。在这次操作中，并不是所有的孩子都成功地发现了影子变化的秘密，所以我请几名成功的孩子来示范操作，我进行引导小结。然后让所有的孩子进行第三次操作，并要求孩子把操作结果记录下来，效果很好。最后，向幼儿介绍了影子在生活中的应用，于是到了皮影戏表演环节。

主题活动点评

张雪门先生最重视理论与实践相结合，他说一种真实知识的获得是应该以直接经验为基础的，再来扩充间接经验，才能够融会贯通。随着近几年对张雪门行为课程的学习，在开展幼儿园教育的过程中，教师加深了对幼儿园行为课程的理解。在主题活动开展的过程中，可以看出教师能以幼儿的兴趣为出发点，围绕着幼儿的认知需要开展"光和影子"的相关活动。在活动中，教师能够充分利用身边的教育资源，如教师与幼儿一起搜集皮影，利用园内的皮影屋玩皮影游戏，为幼儿搭建了操作、探究的平台，使幼儿感受到探究的乐趣，促进了幼儿身心和谐健康的发展。

教师：薛梅梅 刘维